【香港史學會叢書】

香港

都市傳說全攻略

U0061637

施志明　潘啟聰

著

中華書局

研究歷史，首重資料，然而史料斷不會自動浮現，必待學者們的發掘和整理。依習慣，學者每先採用檔案、史志、書札等文獻，而隨着科技發展，近代更會引用考古、圖像、影音甚至口述訪談等資料。至於地方傳說傳聞，因難於考證，部分亦過於怪誕，故甚少見用於學術論著或專業研究當中。雖曰如此，若以黑格爾「存在即合理，凡合理的也必將存在」（Was vernünftig ist, das ist Wirklich; und was wirklich ist, das ist vernünftig）的哲學視角出發，則所有傳說傳聞之背後，亦必有其客觀可據的社會基礎。只要仔細觀察，小心解讀，或不難從中析出有意義的歷史資訊。

年前，因編著《文物古蹟中的香港史》，介述新界著名古蹟，當中免不了提到「屯門杯渡禪師」及錦田鄧氏的「風水名墓」等傳說。其時，正本着這項原則，嘗試剖釋傳聞的時代背景及其社會意義，闡述了魏晉以來華南海路航線情況，也帶出風水傳說對維繫家族的重要性。可見，地方傳說不一定是道聽塗說、難登雅堂的坊里閒言。

施志明博士，乃香港史學會理事，年來專注民間神靈與風俗研究，不少論著已見於學報學刊；而潘啟聰博士亦著名之青年學者，知識廣博，於志怪文學尤有涉獵。今兩位博士構思編撰一本名為《香港都市傳說全攻略》的專書，志在以歷史、社會、心理、信俗等多元角度來剖釋傳聞的現實意義。

他們搜羅本地各種地方傳說和掌故佚事，從中選取 27 個個案，內容有志怪傳說、地方鬼故和災難述異，大都是香港人耳熟能詳，甚至有份參與「創作」的集體回憶。本書不止於純粹

介述，兩位博士更以專業視角，就傳聞真偽逐一考證，又旁徵博引，縷析條分，加以解說，盡去怪誕疑竇，使讀者對存疑已久的傳聞，有了新的認知和體會。單是這番工夫，就足以向讀者推薦本書了。

余意為，傳聞本身亦是地方歷史和社會文化之一部分，過去多依靠口耳傳播，部分則收錄於「鬼故事」等題目的書報，甚為可惜。而今《香港都市傳說全攻略》出版，既為地方傳聞作出紀錄，同時於地方史地研究的開拓，尤有意義。推薦之餘，也寄望兩位博士再接再勵，以饗方家。

鄧家宙於恆泰樓

前言

施志明

坊間有很多都市傳說的書籍，那麼何謂「都市傳說」呢？

「都市傳說」（Urban Legend）這名詞，早在 1960 年代已經出現。[1] 到了 1981 年，美國民俗學家詹．布朗凡德（Jan Harold Brunvand）寫了一本關於都市傳說的暢銷書《消失中的便車旅行者：美國都市傳說與其意義》（The Vanishing Hitchhiker: American Urban Legends & Their Meanings）。書中為這個名詞，道出兩個觀點：

一、傳說、神話和民間故事，不單單只是屬於原始或傳統社會；

二、可以通過研究這些都市傳說來了解都市與現代文化。

而時至今日，都市傳說大體有以下八項特質：

* 以故事形式流傳；
* 難以追尋流傳的源頭；
* 故事背後包含教訓；
* 聲稱為真人真事，但無從查證；
* 內容勉強算合情合理；
* 聲稱是可靠二手消息，即「我朋友的朋友說」之類；
* 傳播方式是民間人傳人，以前是口耳相傳，現在多了討論區、社交網絡等；
* 以訛傳訛之下，故事會演變，有不同版本。

1　Oxford English Dictionary, 2d ed. 1989, entry for "urban legend," citing R. M. Dorson in T. P. Coffin, Our Living Traditions, xiv. 166 (1968). See also William B. Edgerton, The Ghost in Search of Help for a Dying Man, Journal of the Folklore Institute, Vol. 5, No. 1. pp. 31, 38, 41 (1968).

我們不妨思考，都市傳說既為人類文化產物，便是一項值得研究的課題。在一般情況下，面對大多數的負面情緒，人們都傾向避之則吉。厭惡、怨恨、焦躁等都是負面情緒，我們也不會刻意引發自己這些感覺。但惟獨是坊間流傳的「恐怖故事」，人們會特意的、一而再三的閱讀查探，自投羅網式地投入驚恐的情緒，甚至成為人類其中一種常見的娛樂。故此，恐怖故事為主題的書籍多不勝數，而我們便開始作新的嘗試，試用我倆慣用的研究方法，分析一下本地流傳的都市傳說。

於是在個案篩選上，我們朝三大方向進行資料搜集工作。

第一部分是「二戰前的都市傳說」：

（定界上撇去了香港新界宗族傳說）不同個案離不開香港英治時期的時代氣息，呈現出華洋分治下，香港華人對洋人社會的誤解，以及社會發展上的種種問題；

第二部分是「刊在港聞上的都市傳說」：

大體可以看到日佔時期對香港的影響，而傳說也不時穿插着日軍的惡行、華人怨憤，還有就是天災人禍衍生的傳說；

第三部分是「互聯網世界的都市傳說」：

在互聯網的世界，不少都市傳說穿洋過省，引入香港；而流傳故事上，更加添不少生活氣息。

篩選後，個案比例上是「詳近略遠」，並避免同期類同個案重複；而每部分不同的個案，分別以我倆各自擅長的研究方法進行分析和延伸探討。當然，也會嘗試剖析傳說的真實。不過，在此先聲明，很多問題終究難以推源，所以筆者遺憾地未能成功擔當起「傳說終結者」的角色。

無論如何，全書的寫作框架上，我們希望一方面將相關傳說紀錄下來，說是「錄之存疑」也好。期待有些個案問題，日後能夠成功破解。

目錄

2　香港史學會　序

4　前言

「二次大戰前的都市傳說」

10　1900s 大澳盧亭魚人 ... 施志明

20　1910s 北角七姊妹傳說 ... 施志明

26　1913 「石中藏人」驚動英軍上新聞 ... 施志明

34　1930s 那些年的滙豐獅子傳說 ... 施志明

「刊在港聞上的都市傳說」

46　1948 太平山街居民集體撞鬼 ... 潘啟聰

54　1952 鯉魚門天后廟顯靈？ ... 施志明

64　1955 猛鬼橋在何處？大埔滘猛鬼橋 ... 施志明

74　1970s 華富邨怪事多 ... 施志明

82　1970s 高街鬼屋 ... 施志明

90　1974 香港最恐怖的辦公室 ... 潘啟聰

98　1978 屯門公路工程斬龍頭 ... 潘啟聰

106　1980s 動不得的「屯門麒麟石」 ... 施志明

116　1980s 秀茂坪山泥傾瀉與傳說 ... 施志明

128　1980s 死去媽媽不捨孤女 ... 潘啟聰

136　1983 屠房水牛變牛郎神牛 ... 潘啟聰

142　1985 東華義莊鬧屍變 ... 潘啟聰

「互聯網世界的都市傳說」

150　1980s「集體目擊」的華富邨 UFO ... 施志明

158　1990s「超猛鬼」──灣仔紅屋南固臺 ... 施志明

166　1993 蘭桂坊招魂旛 ... 潘啟聰

172　1963 大頭怪嬰 ... 施志明

182　1998 冤魂問路藏暗示 ... 潘啟聰

188　2000 海防博物館驚魂夜 ... 潘啟聰

194　2004 通往異空間之門 ... 潘啟聰

202　2005 西貢結界 ... 潘啟聰

208　2011 達德學校 ... 潘啟聰

214　2015 重複的太子站 ... 潘啟聰

222　2016 與 Siri 對話 ... 潘啟聰

230　都市傳說「打卡」地圖

232　參考書目

238　後記

「二次大戰前
的都市傳說」

1900s
大澳盧亭魚人

1910s
北角七姊妹傳說

1913
「石中藏人」驚動
英軍上新聞

1930s
那些年的
滙豐獅子傳說

大澳盧亭魚人

施志明
● ● ●

人魚傳說

　　人魚故事和傳說，大家也聽得多，外國有希臘的海妖賽蓮（Sirens）和德國的羅蕾萊（Loreley），故事類同，都是以歌聲迷惑在海上航行的水手。中國古代也不差，《山海經‧海內東經》有「陵魚」記載：「射姑國在海中，屬列姑射，西南，山環之。大蟹在海中。陵魚人面，手足，魚身，在海中。」以今天的說法即人面魚身，有人手人腳。不過，這算是「魚人」。「魚人」？其實香港也有這樣的故事呀。

盧亭魚人的傳說與版本

　　故事主角，有名有姓，叫「盧亭」，又稱之為「盧餘」。相傳是自古以來，在大嶼山出沒的半人魚異形。在清代的時候，廣東人留下了不少相關記載，數一數，包括高官、文人以及漁民等，都流傳過這些故事。其中，有說十七世紀廣東文人屈大均曾經在坐船途中，經過大奚山（大嶼山）有感，而作了一首詩，名為《盧亭詩》。按現時耳聞的傳說，盧亭的特徵為黃眼睛、黃頭髮，並拖着一條短尾巴，身上長有綠毛。他們分為雄性和雌性，而雌雄都會盤髻，且能在水中連遊三日三夜，又會生吃魚類和喜歡吸雞血。有時候，懂得規矩的，會將漁穫與陸上居民換雞；不懂的，便會潛入農家偷雞。另有傳言指，曾經有人捕獲過一隻雌性的盧亭魚人，初時她只懂笑，不會言語。當與人類相處久了，就開始學會講人話（即漢語）和吃五穀類食物。

古書中的盧亭與蛋民

　　如果探討事情的「真相」，那得由東晉末期說起。大家

《陵魚圖》，出自《古今圖書集成．博物彙編．禽蟲典》第 150 卷。

或許聽説過「孫恩盧循之亂」，這是晉安帝在位期間爆發的一次民變事件。由隆安三年（399 年）起，歷時 11 年的動亂。此事雖牽涉到五斗道，但實際是因為民眾不滿東晉朝廷的管治，讓這群人乘時而起。這裏過場的孫恩，起兵後三年，便兵敗投海自殺。當時還有數百部眾，跟他一起加入「集體自殺」行列。死後，餘下的部眾推舉孫恩妹夫盧循，於是故事的主人翁正式登場。

元興三年（404 年），盧循率領部眾，一度佔據番禺（即今廣東廣州市）。入城後焚燒府舍民居，生擒廣州刺史吳隱之後，自稱「平南將軍」，攝廣州事；後又命姊夫徐道覆攻取始興郡。大家不必詫異，那個時代，朝廷真的管不了。翌年，盧循向朝廷進貢，而由於朝廷無力征伐，遂授盧循為廣州刺史、徐道覆為始興相。好聽一點説，這是「招安」的手段。其後，盧循聽從姊夫建議，起兵北伐劉裕，直指建康。可惜，結果是慘敗收場。盧循更被劉裕屬下的孫處、沈田子所擊敗，於是退到合浦、交州之間，最後在交州敗沒。孫恩當年投海而死，盧循也一樣投海自盡，孫恩盧循之亂，亦告落幕。

故此，有相關傳説或記述，如清代文人范端昂的《粵中見聞》記載：

> ……廣州城東南百里，有盧亭，亦曰盧餘。相傳晉賊盧循兵敗入廣，泛舟以逃居島上，久之，無所得衣食，子孫皆赤身，謂之盧亭。男婦皆椎髻於頂，女乃嫁始結胸帶；常下海捕魚充食，能於水中伏三四月不死，蓋異於蛋，而類於魚者多。[1]

1 〔清〕范端昂：《粵中見聞》，卷 20，〈人部〉八之「蛋人」條載。另參閱〔清〕史澄：《廣州府志》（光緒），卷 31，〈輿地略三〉。

另有清朝道光東莞人鄧淳所著的《嶺南叢述》也曾提及：

> 大奚山，三十六嶼，在莞邑海中，水邊岩穴，多居屹蠻種類，或傳係盧循遺種，今名盧亭，亦曰盧餘。

文中指出盧亭又稱為盧餘，有傳是盧循的後代。他們能夠下水捕魚，最誇張是在水中三、四個月不死。雖然記述中有不少荒誕之處，但在此嘗試「合理」角度推敲一下所指的「真貌」：「男女椎髻」推斷應是方便捕魚；「女乃嫁始結胸帶」，應是這群「民眾」的文化水平與陸上有異；「三四月不死」是指他們居於水上的生活；「異於蛋，而類於魚者多」，應是指不同於「蛋民」（即指蜑民、艇戶、水上人），因為清代蛋民已有收編，所以說「類於魚」指他們仍是化外之民。

另外，再列上文提及的屈大均《盧亭詩》，詩曰：

> 老萬山中多盧亭，雌雄一一皆人形。
> 綠毛遍身只留面，半遮下體松皮青。
> 攀船三兩不肯去，投以酒食聲咿嚘。
> 紛紛將魚來獻客，穿腮紫藤花無名。
> 生食諸魚不煙火，一大鱸魚持向我。
> 殷勤更欲求香醪，雌者腰身時嫋娜。
> 在山知不是人魚，乃是魚人山上居。
> 編茅作屋數千百，海上漁村多不如。

詩中「老萬山」是地方名，有說是今日大嶼山以南萬山群島，以此地有很多「盧亭」魚（餘）人或後代，雌雄都是人的形態。「綠毛遍身」，應指綠草綠葉披身而只留下面部，「下體」用「松皮青（或許是松樹皮加綠葉）」半遮。「攀船三兩」至「花無名」句，及「生食諸魚」呈現他們對酒、食，以

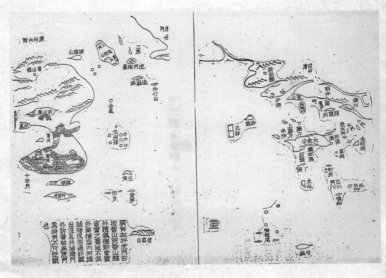

《清朝柔遠記之沿海輿圖》頁二十五
蕭國健：《明清兩朝有關香港地區之古輿圖》（香港：朝顯書室，2013 年），
頁 185。

15

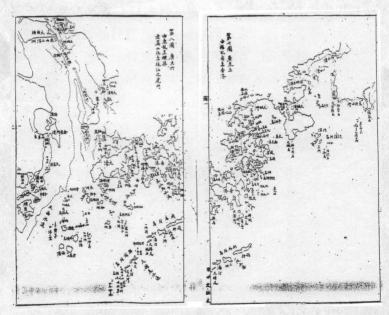

《新譯中國江海險要圖誌之廣東圖》第七及八圖
蕭國健：《明清兩朝有關香港地區之古輿圖》（香港：朝顯書室，2013 年），
頁 194。

及對花和漢人不同文化圈。但他們也是友善的，如「紛紛將魚來獻客」、「一大鱸魚持向我」、「殷勤更欲求香醪」；而作者對於「雌者」，似乎不太抗拒，說她「腰身時嬝娜」，相信「嬝娜」不會醜吧。後又說「在山知不是人魚，乃是魚人山上居」便是說他們在山上居的情況，也不過是平常人家。「編茅作屋數千百，海上漁村多不如」更是將「老萬山」與海上漁村作比較，指很多漁村也比不上該處。

綜觀而言，合理解說下，詩中魚人的形象與行為並不荒誕。如果大家有讀過文學書籍，詩詞作品，我們總不會將形容女性的「螓首蛾眉」[2]，視作為「蟬的頭」、「蛾的眉」，將「額廣而方，眉細而長」的女子成了個怪物吧。

再據屈大均於《廣東新語》的記載：

> 有盧亭者，新安大魚山與南亭竹沒老萬山多有之。其長如人，有牝牡，毛髮焦黃而短，眼睛亦黃，而鬈黑，尾長寸許，見人則驚怖入水，往往隨波飄至，人以為怪，競逐之。有得其牝者，與之媱，不能言語，惟笑而已，久之能著衣食五穀，攜之大魚山，仍沒入水，蓋人魚之無害於人者。

文中更清楚標示，盧亭人在新安縣大魚（嶼）山、老萬山一帶；而內容上亦與傳說的脗口度極高，可見是建基於屈氏這項記述。但筆者又嘗試推論一下，「鬈黑」即他們多曬太陽便是。「毛髮焦黃而短，眼睛亦黃」是否缺乏一些營養所致呢？至於「尾長寸許」，筆者非人類學家，解釋不了。「見人則驚怖入水，往往隨波飄至，人以為怪，競逐之。」是說他們

---

2 「螓首蛾眉」四字摘錄自《詩經．衛風．碩人》：「螓首蛾眉，巧笑倩兮，首目盼兮。」一句。

熟水性，而一般人對他們的出現，往往以奇異目光看他們。「有得其牝者，與之媱，不能言語，惟笑而已，久之能着衣食五穀」句，不就是説他們是不同文化圈或文化水平較低嗎？但當時日一久，還是可以能平常漢人這樣穿衣，食五穀。

那麼，這些時人筆記在胡説一通嗎？不，我們會這樣説，是「錄之以存疑」。

傳説背後：
陸上人對水上人的文化隔閡

盧亭魚人的故事及紀錄，或許是過去陸上人對水上人（或稱「蛋」、「蜑」）的歧視情況。特別是古代漢人對文化圈外的「非我族類」者，稱為「猺」、「蠻」。[3] 水上人的日常生活所需，都不得不在陸上購買，而購買這些生活所用，則要將魚穫海產賣給陸上居民，然後再買回來。故此，他們對陸上物資的依賴，造就了過去陸上人剝削他們的機會。歷史上，水上人曾長期赤足，不穿鞋履；不論是在艇上、船上或陸上，都是赤足而行。北宋秦觀到雷州時有詩云：

粵女市無常，所至輒成區，
一日三四遷，處處售蝦魚；
青裙腳不襪，臭味猿與狙，
孰云風土惡？白州生綠珠。

詩中「青裙腳不襪」就是指其赤足而行；「臭味猿與狙」

---

3 （唐）魏徵：《隋書》（北京：中華書局，1982 年），第 6 冊，頁 1831，卷 82，列傳 47。〈南蠻〉：「南蠻雜類，與華人錯居，曰蜒，曰狼，曰俚，曰獠，曰顈，俱無君長，隨山洞而居，古先所謂百越是也。其俗斷髮文身，好相攻討，浸以微弱，稍屬於中國，皆列為郡縣，同之齊人，不復詳載。」

指他們與猿和狙臭味相同。那麼「猿猨猱狙」是甚麼？猴類。既然是化外之民，就是如此看待，給他們「犭」部、「虫」部的冠名，完全是大漢文化圈的視角。

至於陸上人對水上人的歧視和隔閡，是兩者長期生活方式的差異造成，到清代仍然如此。[4]直至近代，才有所改善。

最後，盧亭魚人真的存在嗎？筆者認為，存在的是以訛傳訛。

4 在清代，曾讓蛋民編入戶籍，但成效不彰。詳見《清世宗憲皇帝實錄》，卷81，「雍正七年五月壬申」條：「閩粵東之地，四民之外，另有一種，名為蛋戶，即瑤蠻之類，以船為家，捕魚為業。通省河路俱有蛋船，生齒繁多，不可計數。粵民視蛋戶為卑賤之流，不容登岸居住。蛋民亦不敢與平民抗衡，畏威隱忍，跼蹐舟中，終身不獲安居之樂，深可憫惻。蛋戶本屬良民，無可輕擯棄之處，且彼輸納魚課，與齊民一體，安得因地方積習，強為區別，而使飄蕩靡寧乎。著該督撫轉飭有司，通行曉諭：凡無力之蛋戶，聽其在船自便，不必強令登岸；如有力能建造房屋及搭棚棲身者，准其在近水村莊居住，與齊民一體編列戶甲，以便稽查，勢豪土棍不得藉端欺凌驅逐。並令有司勸諭蛋戶，開墾荒地，播種力田，共為務本之人，以副朕一視同仁之至意。」諭旨中可反映清代時蛋民苦況。

1910s

北角七姊妹傳說

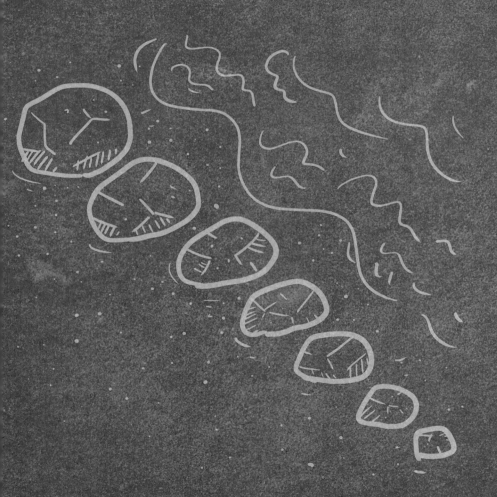

施志明
• • •

掌故與傳說中的七姊妹

　　每區都會有流傳一些傳說掌故，有的雖只是以訛傳訛，但亦會涵蓋了該地區的歷史文化，再經歷後人不斷的創作，即我們所說的「加鹽加醋」，最後成為集體創作。不過「故」是人說的，當然光怪陸離；因為都是人說的，所以理應也保留了一些香港民間記憶和掌故。

　　小時候，我們曾經在電視劇集，或者在電影中，聽聞過不少傳說故事。其中，「七姐妹」往往成為影視的題材。銀幕上，七位姐妹手牽手，「不求同年同日生，但求同年同日死」，姊妹們一同走到海邊，一同殉死，其後化為石頭。因此，成為該區該村之名──七姐妹。

　　這段影視中出現的情節，就是來自於傳說，以筆者所知，傳說大體有兩個版本：

版本一：

　　話說百多年前，於今日北角七姊妹道附近，有一條濱海的村落，村內有七位少女，情同姊妹，於是義結金蘭，「梳起唔嫁」（自梳女），終日形影不離。但後來，三妹被父母迫婚，嫁與同鄉，於是七姊妹在三妹出嫁前一晚相擁痛哭，更稱：「寧死不嫁，雖不能同年同月同日生，但求同年同月同日死。」於是七人，手牽着手，一同走進海裏自盡。之後，村民找不到七姊妹屍首，但退潮後，發現海邊有七塊由大至小排列的礁石，大家認為這是七姊妹死後的化身，於是將礁石命名為「七姊妹石」，村落也命為「七姊妹村」。

版本二：

可能是版本一的「加強版」。同一村落，但不同的是七姊妹均自幼喪親，在相互扶持下成長，同樣是義結金蘭，情同姐妹。不幸，有一天遇上一群惡霸入村搗亂，七姊妹奮力頑抗，當中以七妹最為勇武。但七姊妹終是女子，怎會是一群惡霸對手。（按：村裏人都逃跑了嗎？）後來，惡霸中的頭目不但搗亂村落，而且見七妹武勇非常，見獵心起，要三日後迎娶她，當然七妹誓死不從。（按：為何不馬上搶走？）三日後，惡霸強行迎娶七妹，七姊妹自知不能力敵，於是打算逃跑，但慌不擇路，終逃到海邊。前無去路，後有追兵，七姊妹不甘受辱，於是怨恨地臭罵這群惡霸後，便道：「雖不能同年同月同日生，但求同年同月同日死。」在一岩石上，七人一起下跳，投海自盡。七日後，七姊妹屍首手牽著手浮上水面，而惡霸亦受到詛咒，全都畏罪自殺，或死於非命。

兩個版本中，版本一或二，都會有七姊妹石，但前者是七塊大小有序的礁石，而後者卻是一岩礁石代表七姊妹石。但七姊妹石的真實是如何？恐怕已不能求證。然而，另有一說，香港史地研究者黃垤華先生認為七姊妹的來源與後枕山的山脈有關，由於該嶺七峰相連，所以舊有「七姊妹山」之名。[1] 但如果七姊妹是山不是石，這些傳說便說不通了。

1　黃垤華：《香島地名錄存》，卷七，「七姐妹山」條說：「此七峰者，俱有個別專名，而其由來久矣。西自大坑蓮花宮山背之坪崗嶺起，迤邐東北，為元寶石、長嶺頭、大面嶺、石牛皮、橫坪嶺，以迄嶺尾山，直線長約一公里有奇。山之北麓，下臨市區，亦因此得名，曰七姐妹焉。」

名園大
定於本月十三十四兩晚由
八點開演至十點半電軍往
花煙放來便捷煙花特色與別不同
戊午柒月拾叁日
鳥Y

意
大利波士鐸天下馳名大馬戲班
諸藝回澳禮拜之君超特請在七姊妹名園開演
前舉賢賞可知各子弟界演
特加野賞咀開演蒙各今由
出以飽諸君之眼福也次由
演再新奇一度度特色務往別觀所
禮拜後卸令觀此演次由
埠者喝采來再演
幸勿失此機會
自本日起橫濱特別新戲並有新到大象
（每逢禮拜三五六加演日戲）
准六月十八晚五點開演連演七晚
上環街市起每晚七點半鐘有特派導車出
己未年六月拾七日
名園主人波士鐸仝啓

花園酒店

大放外洋煙花

本地煙花本園演放多次茲再至購外國煙花
數十種俾遊客得新眼界此種外國煙花巧妙非
常誰以言喻並加放本園著名檯上散花尤為巧
妙絕倫準本月初六初七連兩晚以助遊興與本
園經領酒牌現更改良款式賞客光臨隨意小
酌一律歡迎
戊午年八月初五

「名園遊樂場」1918 年 7 月 18 日、8 月 19 日及 9 月 9 日在《華字日報》刊登的宣傳廣告

歷史中的七姊妹

歷史上，正如傳聞所説，七姊妹是「村」名，及後也成為地區名。據 1849 年的人口普查資料，七姊妹村已有二百多人居住，房屋有超過一百間。村落規模來説，也不至於人跡罕至。七姊妹區的位置，與今日的七姊妹道的範圍相若。範圍包括北角電照街以東、英皇道及渣華道交界以西之區域，而七姊妹區之東就是鰂魚涌區。

1911 年，香港中華遊樂會在七姊妹區租借了海邊，設置泳棚，名為「七姊妹泳棚」，成為當時香港游泳勝地，每年泳者人次達 10 萬（1916 年香港人口約 53 萬人）。由於電車可達，當年有些工人下班後，便會到此「游夜水」。1918 年，該區「名園遊樂場」開業，雖然當年可説是「山旮旯」，位處山邊，但正門正正是英皇道，有一定人流。它以上海大世界遊樂場作設計藍本，內裏有轆轆、旋轉木馬、百鳥巢、動物園，連西環的太白樓（當年著名的「遊樂場所」）也比下去，粵劇院、舞廳、小橋流水和唱書臺，一應俱全。由此可見，當區成為新興遊樂地帶。

説回泳棚，由於非常受歡迎，老香港口中的七姊妹猛鬼之説，便是與七姊妹泳棚經常有男泳客遇溺身亡有關。有人聯想到七姊妹為了找俊男陪伴；有説是怨氣太重，要找男生復仇，不時有廣東人所講的「鬼揦腳」出現。（按：但此説也欠妥，七姊妹梳起不嫁，為何要找俊男陪伴，不是有姐妹便夠了嗎？）

1930 年代初，港府打算在泳棚一帶填海。1933 年，一位 15 歲女泳手楊秀瓊打破了全國運動會的四項紀錄，牽起香港游泳風潮，而她常到的練習場，就是故事中的「七姊妹泳棚」。於是，泳棚填海引起社會很大反應，幾間大泳會發起聯署，呼籲港人簽名勸説政府收回成命。在多次拉鋸之後，政

七姊妹泳棚
或將遷往深水灣

本海常局決定收回七姊妹泳場海灘後、各泳場主席、於議補救起見、擬另覓他處以重建泳場、經數度之踏勘、後以啟德濱方面之牛池灣為較適合、各情已紀前報、記者頃往訪南華會主席曆霑雲、詢以關於出發踏勘泳場地點事、曆雲以余個人之意見、牛池灣地點雖云適當、但不如深水灣之佳、蓋緣處水清而無暗湧、交通亦利便、余將任協、地方亦適合、俟會會議時、提出討論、俟乘取擇云。

七姊妹泳棚
一年後須搬遷

香港當局、依照前所定之填海計劃進行七姊妹海灘填海、并擬將各泳場之海灘收回、各情已逃見報載、惟幾時收回上、姊妹泳場海灘、當為社會人士所注意者、茲據官方可靠消息、當局已決於一九三五年之壽命而已、至現下七姊妹之游泳泳場須拆遷、故屆時令泳場須拆遷、至現下七姊妹之游泳場、聞某當局已徵詢一年之壽命而已、開此項消息、故現向各處海灘調查適當新址、以備將來他遷之所云。

《工商晚報》1933年11月9日有關七姊妹泳棚搬遷的報道。

《工商晚報》1934年3月16日報道泳棚搬遷安排。

府終按所定計劃填海。翌年，開始另覓泳棚新址。其後，泳棚最終遷到哪裏，筆者未見有報章刊登，估計避不過戰禍帶來的破壞。日軍攻港期間，日軍曾於七姊妹區搶灘登陸。重光之後，1948年政府繼續填海發展新區。填海直至1952年完工，變成七段七姊妹道，並於七姊妹區填海興建房屋。至於「七姊妹石」，如果真的存在，理應也長埋地底（而在中巴車廠地皮改建住宅後，現時七姊妹道只剩下六段了）。

然而，七姊妹的傳說以及社區發展，正好成為筲箕灣「再構成」傳說的絕佳素材。

（＊想了解更多本節內容，可參考【港古佬】:「七姊妹道都市傳說　前身係張保仔基地？」影片。）

25

1913

「石中藏人」驚動英軍上新聞

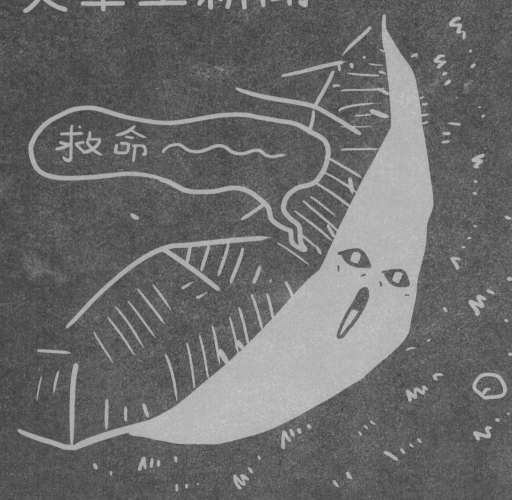

救命

施志明

由「石中藏人」的故事說起

　　1913 年 7 月 17 日《華字日報》一則報道，指於北角油街一帶，曾經發生過石中藏人事件。標題開首以「是神是鬼　抑是自投羅網」來形容事件。

　　事發地點位於舊亞細亞火油公司附近，惟準確位置已經難以考證。但流傳的故事版本，大體流傳的是以下版本：

　　話說一個夜深時分，有一名樵夫在山邊聽到疑似的鬼哭聲，眼看四野無人，怕是妖魔鬼怪，自必是拔足狂奔，跑回家裏去。如是者，整夜驚恐。當晚，除了這位樵夫聽到異聲音外，在附近居住的人，亦聽到這些聲音，弄得夜寢不安。翌日早上，該處仍然傳出微弱的聲音，但未知是人是鬼。但想深一層，如果是人命，也是件大事。於是有人便冒險前往偵測，周遭附近亂石雜草，終於發現在巨石之下，有人聲傳

出。搜索者意想不到的是，大石之下，為何有人被困石中，但終究人命關天，隨即到差館報警求助。

接報後，差館與消防局（當時叫水車館）派出警員、消防員和救護人員相繼到場，查看下發現一名男子被困在石下的窄縫內，奇怪的是窄縫小得連老鼠也難以竄入，眾人見不能入內施救，便打算破開石頭救人。試過鑿、撬、鋤等各種方法，工具壞了，亦未能動大石分毫。

其時消息不知從哪裏傳開，時間愈久，便愈來愈多人聚集圍觀，就像今天我們聞風而至，爭相打卡「selfie」一樣，而報館亦派出人員到場查探。到了晚上，本是杳無人煙的荒山野嶺，卻變得燈火通明，不單只有大量民眾聚集，更有商販在擺賣粥粉麵飯、涼果，甚至吸引賣藥看相的到來。整個山頭，變成夜市。

人群中有人你一言、我一語，大家都不斷商討應該如何救人，有人提出要爆開石頭來救人，但若然爆石成功，恐怕事主也會「順利死亡」。之後，有人提議用起重機搬開石頭，可惜嘗試後不果，因為大石深陷地下，難以搬開。

又過了一夜，事主被困多時，情況愈見危險。這時有幾個外國水兵因為收到消息，所以好奇到場觀看。他們觀察一番，便提出可以他們船上的先進機器，根據石紋把大石碎開。隨後，水兵們返回船上，帶來機器和一班水兵來到，花了幾個小時的工夫，終於將事主解救出來，而救緩人員亦馬上對事主進行施救。不幸中的大幸，事主只有虛脫小傷，並無大礙。及後，事主送往「癲房」（即精神病院）。

當然，故事的焦點並不是救人過程，而是落在——到底事主是怎樣進入石縫呢？

事件實在太轟動，後來流傳最多的是詭異香艷傳說：

事主到醫院後，對醫生聲稱自己在太古糖廠（今鰂魚涌糖廠街附近）工作，但在下午工作期間感到不適，遂向管工請

假到海邊透透氣，希望可以紓緩一下。在海邊遊走時，遇上兩名妙齡姊妹花，事主忍不住上前搭訕。姊妹花並無拒絕，並與他一起遊蕩，隨後更邀請事主回家。姊妹花走進了去，而事主亦大膽地跟着入內，進去後，姊妹花為事主獻酒獻媚。醇酒佳人前，事主以為自己艷福無邊，突覺下身一涼，發覺自己上半身已被石頭壓着，下半身浸在水中，這對姊妹花都不知所踪，事主就呼救起來。

這個傳說，傳說是醫生報告中提及。

故事中的真實，真實中的故事

都市傳說的流傳，有趣的現象是，都會有真實的故事及民間故事揉合其中。如果我們找回當日的剪報，根據報道所記述的事情，便會發現並不是大家聚焦的部分略差頗多。終歸報道着重的是事件過程，所以看到的重點反倒是拯救的經過佔大部分。

是何故歟

筲箕灣亞細亞水火公司附近有一穴不知何意，有一華人在其中，有一大石壓其身上。聞被壓已有二十四點鐘之久。不能救之之故，是因穴口太窄。昨下午警察始悉之，乃即傳消防隊往之，並帶醫生同往。後又聞其人不能說華語者，現在其究竟，尚不知如何，容當續報。

《華字日報》，1913 年 7 月 16 日

是神是鬼，抑是自投羅網。

　　筲箕灣亞細亞公司附近有華人被困穴中壹事，已誌昨報。

　　茲將當日情形如略述下：

　　初該處有樵者寓亞細亞公司附近。夜深時，忽聞有異聲，疑是鬼哭，疑是觸犯先靈。奔走屋中，虛驚壹晚。是晚，附近之人亦聞異聲，壹夜寢不安席。至翌日尚聞微聲，尚不知是人是鬼。後有兩人冒險往偵探後，偵得山邊疊石，聞聲所由出，惟尚不見人。然斯時，已知是人非鬼矣。後有人往捕房報案，謂被困叢石之下者，乃一華人，是從汕頭來者，後覓得舌人（按：翻譯人）至。據被困者所謂，為鬼所逐，不願再出等語。惟該處如許其險窄，而斯人何故被困？則不得而知！後以食物與之，被困者不食。後由警察報與工務局，初擬繩繾之出，惟被困者拒而不納。後警察用電話通告中環捕房後，遂派消防隊往，巡警道及獄中醫官，亦接踵繼至。擬移疊石，則疊石是相連者，不特不能救，後礙移石。及赴救人之人欲炸石，則亦行險。後有人牽之出，為困者所拒。牽其手，則以足撑石，使不能動。後第八十八隊英兵攜器具至，亦不能救之。是時，中西人士之到場觀者，不下數百人。有一人初允落穴中一探，繼又不允。又一西人以手持其膊欲牽，又為所咬。後以繩縛其手及兩足，惟仍不能牽之，因為疊石所阻故也。後醫欲以藥水注射之，惟不特不成功，連注射之針，亦為所毀。後卒牽之，熟不能出，且其胸際為所壓，比前凡為危險，如羝羊之觸藩矣。後又再三細　，悉疊石斷不能去其一，炸石亦然。後約六點鐘時，第八十八隊西兵乃離而去。後命工務局工人鑿石而救之，惟工務局人以

畏鬼故，不敢停留。於是遂去。至禮拜貳晚半夜，有工務局人往該處，見有美國水手五人鑿石而救之。初用小鐵錘，後以小錘無用。有一水手回輪，取大錘而至，乃鑿石焉。幸被困者當時尚醒人事，自語自言，卒能鑿開六、七寸，旋於昨早四點鐘，將其人救出，然已被困約三十句鐘之久矣！出險時，其人尚醒，惟不能立。後即舁之往醫院，後　得其險小傷之外，并無大礙，已送往癲房矣！至若人為何入此穴，則未確知云。

《華字日報》，1913 年 7 月 17 日

《華字日報》1913 年 7 月 17 日的報道

　　故事中的主人翁，結局是當作一名瘋子處理。在拯救過程中，説是被巨石壓着出不了來，但文中卻多次看到他拒絕被救：先有給他食物，他不願意吃；打算以繩「縫」他出來（拉他上來），但他又拒絕不納繩；牽他出來，又被他拒絕，甚至以腳撐着石，使人不能拉動他。由此可見，救人過程最艱鉅的，是事主的「瘋癲」與不合作。但正因為他曾言「為鬼所逐」，且自言自語，瘋瘋癲癲的舉動，最終送入癲房，成為了加鹽加醋的理想素材。再配合過去七姊妹（地區）一帶的流傳的故事，更可更繪形繪聲。

31

不得不説的是，當年筲箕灣一帶，是一個頗大的範圍，而且由今天筲箕灣至今天北角炮台山一帶，都有打石場。所以，會不會是為塌石被困？抑或被人欺凌用疊石困着？另一方面，事主會走到七姊妹一帶附近，該處有着當年著名的泳棚，是否順道找女生搭訕呢？

另一方面，在相近年代至到戰前，筲箕灣一帶也流傳着類似的故事：

有一日，某姓母子兩人，乘一艇由外地偶然抵到此地，於是以此為家。兒子入夜後，百無聊賴，於是上岸逛遊，沿途目睹男男女女、成雙成對，談情説愛，心裏更是嚮往。

孤單走着，忽然在月下，遇上一位妙齡少女，獨自徘徊，跟她搭訕。本以為她是等人赴會的，但怎料她身邊遲遲未有人來，而且女生對他更回眸一笑，便知道可以兜搭。於是兩人繼而在島上遊走，女生帶男生四處走，所到之處都是景物全新，男的之前全未見過。後來，走到一所樓臺，女的就把男的帶進去。樓臺之內，燈燭輝煌，更有僮僕招待。走進客廳，又見美女如雲，載歌載舞，一眾美女見二人進內，更笑言恭賀兩位新人。席後，更起哄要二人入內洞房。如是者，男的享受了一夜春宵，然後睡去。突然，男的發覺四周嘈雜，一張開眼，便看到自己被母親與眾多人正圍觀着，自己身體就動彈不得。原來男的已被埋在一堆石下，僅餘頭部露出地面。自此，筲箕灣妖女之説，一傳十，十傳百，此後人們便禁止子女到筲箕灣出遊。

比較之下，實體故事框架是類似的：遇到女子，陷入石中。至於是誰抄誰，似乎是先有石中藏人的報道，再經加鹽加醋後，發展成筲箕灣妖女的傳説。但建構一個完好的都市傳説，也須有極佳的地區文化素材。如前文所述，七姐妹地區的命名，也是「再構成」傳説的極佳背景。

由此可見，傳説背後牽涉了不少當時背景及社會情況。

港島城市發展自二十世紀初東移，筲箕灣隨着電車路網逐漸發達，再不是「英雄被困筲箕灣，不知何日到中環」的景況，而是成為了新興發展地區，亦出現不少「遊樂」場所。筆者所指涉的遊樂場所，並非單純指今天的遊樂場，當中並牽涉到色情場所。正因當時社區變化，人們要警惕子女不要墮入色情陷阱，正好可以利用傳說妖怪來約束子女的行為。

當然，石中藏人孰真孰假，筆者便在此打住，留待讀者自行推敲。

「石中藏人」的謎團至今仍未解開，過去筆者在【港古佬】也重提此事。

（＊想了解更多本節內容，可參考【港古佬】：「都市傳說石中藏人　驚動英軍上埋新聞」影片。）

1930s

那些年的
滙豐獅子傳說

施志明
● ● ●

香港上海滙豐銀行的簡單背景

　　大家對滙豐多少有情意結，覺得它是銀行股的指標。過去不少股民也會想着買滙豐股，取股息養老。但時移勢易，滙豐這隻「大笨象」未必再是成為炒賣首選。但滙豐與香港發展的關係密切，連有關的傳說在銀行界也可說是多過行家。始終是「Hong Kong Bank」嘛！不信，看一看手上的港元鈔票，滙豐的獅子可謂「與你常在」。對了，看着牠們，這次主角就是這對滙豐獅子。

坊間流傳的不同傳說

　　坊間流傳的傳說，大概出現在 1935 年香港滙豐大廈於中環落成之後，大門前兩尊銅獅子，一尊開嘴，一尊閉嘴。這對西式獅子，有別於中式獅子一雄一雌、取陰陽調和之意，反而兩尊都是雄獅，栩栩如生，守護銀行。傳聞中最奇怪的說法，是兩尊本來都是開口的。

　　傳說多年以前（一定不早於 1935 年），有兩名警察巡經滙豐總行大廈時，突然感到有人用石頭丟向他們，他們躲避過後，當然要找出兇徒。最後赫然發現，竟是滙豐總行大廈前這對獅子，不斷從口中噴出石頭攻擊他們！其中一名警察受驚過度，於是向其中一尊開槍射擊，但它們沒有停止，反而不斷噴出更多石頭。兩名警察反擊不下，只有抱頭逃去。當時，因為有警察開槍，所以引來不少傳媒採訪，並將銅獅吐石傷人大肆報道，引來警察高層關注。但是，事件並無科學根據，不論受害警察如何強調事件真實，仍然被再三調查。最後，受不住上層壓力，惟有向外宣稱當時見命案疑犯拒捕，所以開槍制止。

　　但是，靈異事件並未停止。

又有一對警察巡經滙豐總行大廈一帶。正當他們經過一條後巷附近時，發現地上一滴滴血跡，於是沿着血跡，往後巷探去。走入後巷幾步，隨即傳來動物的咀嚼聲，於是其中一名警察嚇得馬上拔槍，朝向暗街內的「疑犯」發出警告，但對方並無回應。僵持下，環境昏暗，他們也看不清眼前是人是鬼，其中一名警察突然看到街內有一個龐大黑影在動，而黑影顯然不是人形。過了一會，聽到一聲咆哮，大黑影一閃，警察看清了，發現有人倒在血泊之中，看來是被野獸咬死。

由於涉及人命，警察馬上通知警局要求增援。大隊警察到場附近搜查，均無可疑人物出沒，直至搜查到滙豐總行，發現其中一隻銅獅嘴角竟染有鮮血，而口中更有血肉殘渣。

一不離二，二不離三。銅獅咬死人之後，離奇事件再次發現。

第三次離奇事件於翌日下午出現，當日偶然出現日蝕。話說在滙豐總行前，有幾個小朋友在一對銅獅前相互追逐玩耍。本是一片溫馨的情景，突然迎來日蝕天昏。片刻，日蝕已過，天空放晴，其中一名小朋友的媽媽，卻發現自己的孩子竟跌坐在一隻銅獅前面。視線由腳、身，慢慢再往上望，卻發現小孩的頭沒有了。那位母親當下傷痛欲絕，昏死過去。有人發現這隻銅獅嘴角，又再次留下血跡。

如此，銅獅咬人的傳聞不脛而走，使得人心惶惶。

滙豐高層怕事情鬧大，不得不請來法師到場作法。相傳法師作法後，與銅獅溝通，得悉四出害人的，只是其中一隻銅獅，由於它長年累月，面向東方，吸收日月精華而衍生靈性，所以每當深夜或天色昏暗之際，便幻化成形，跳下台階，在中環四處遊蕩，如同野獸覓食、咆哮。故此，法師警告它不能哮叫或擅離職守，否則會命人將其溶掉。之後，法師便要求滙豐負責人將這隻銅獅子「翻新」，封上嘴巴，並下符咒，使它不能四處走動。

故此，兩隻銅獅，一開口，一閉口。閉口那隻，相傳就是當日被封印的銅獅。

真實的銅獅 —— 施迪與史提芬

讓我們先看一看滙豐兩隻銅獅的由來。香港滙豐創行於 1865 年，先後四座總行大廈，都是坐落於皇后大道中一號。在第三座總行大廈於 1935 年落成時，這對銅獅便在此擔任守護神。它們是由名雕塑家韋斯達（Wagstaff）仿照當時上海分行門口的獅子所鑄，屬於第二代；而上海的第一對銅獅，據說是依照 Henry Poole ARA 在英國所製的模型鑄造，香港的一對與之相同，各重 2,250 磅。

雕塑家韋斯達在銅獅底座上的簽名

兩隻銅獅，那隻開口的名叫「史提芬」，是紀念 1920 至 1924 年的總司理史提芬（A. G. Stephen）；另一隻閉口是「施迪」，是紀念上海分行經理施迪（G. H. Stitt）。

兩隻西式銅獅，據滙豐的説法，「史提芬」張口咆哮，展現滙豐的力量與保護；閉口的「施迪」沉穩鎮靜，象徵滙豐的穩定與安全。

代表力量與保護的史提芬　　　　代表穩定與安全的施迪

　　現實中，兩隻銅獅確曾遭逢劫難。1941 年日軍佔領香港，滙豐銀行被日軍接管，兩尊銅獅自然「守不住」。這對銅獅子被運往大阪，並且準備熔解成軍用物資。幸好戰後被尋回，再次歸回原位，到現在我們仍然可以從「史提芬」的背部，看到當年留下炮火傷痕。1980 年代，滙豐興建第四代總行大樓時，銅獅子仍然置於門前，成為滙豐八十多年來的歷史見證。

　　反而，今天人們有一個説法，這對銅獅子移開了，便守不住香港，香港便會遭殃。上溯日佔時期，移到大阪，香港人經歷三年零八個月。到了在滙豐興建第四代總行大廈時，它們暫時放置在皇后像廣場時，港元暴跌。不過，想深一層，那時正值中英談判聲明，香港前途未明，真是「咁啱得咁橋，飛機撞紙鳶」。

《工商晚報》1981 年 5 月 12 日的報道

故事背後的時代背景
與同類傳說交織

　　滙豐銅獅的傳說，確實愈傳愈誇張。但時至今日，筆者還是找不到當年關於銅獅咬人的相關報道。但參看這些傳說時，便會發現同期有不少類同的傳說流傳。首先傳說首部分，說銅獅會噴出石頭的傳說，與兵頭花園（即香港動植物公園）石獅口吐石珠傷人的故事劇本，基本相同。只是地點在香港動植物公園內發生，主角則換成於 1928 年建的「紀念戰時華人為同盟國殉難者」牌坊的前後四隻石獅。故事同樣有傷者、有人死，有警員調查，石獅口中的石珠染滿鮮血。最後，有法師（或道士）作法息事。這傳說因為同為獅類，於是被人成功引入成為滙豐銅獅版本。

　　銅獅幻化四處走動或覓食，這故事藍本。推斷是參考了中環「金馬成精」傳說。這傳說來自於 1869 年落成的舊大會堂。舊大會堂是仿照希臘古典設計，屋頂中央有一皇室徽章，正中為皇室盾徽，左右各有一獅一馬對立，前足翹起，以護持盾徽，後足豎立，姿勢栩栩如生，如作奔騰狀。馬有

獨角，今天的們會稱為「獨角獸」，但當年會俗稱「麒麟」，因鬃成金色，又叫「金馬」。

某日開始，附近居民每於午夜便聞馬嘶之聲，擾人清夢，坊眾都感到奇怪。因為此地離馬房很遠，馬聲不可能千里傳音，也不可能有人放馬進來。後來，被一名看更發現金馬蹤影。翌晚，他連同眾人窺伺，見金馬赴海邊飲水，月色之下，金身發光。飲罷，金馬便跑回大會堂，踏登堂頂而不見。於是，大會堂「金馬成精」傳說，便流傳開去。坊眾商議，便希望請政府去除徽章的「金馬」。政府以神怪荒誕為由而拒絕，於是坊眾便請來巫師作法，用劍削去馬蹄，又用符封蓋馬眼，再用鐵鏈繫縛馬足。自此，怪事才告停息。

不過，筆者也交代一下，「大不列顛及愛爾蘭聯合王國」的歷代徽章，右邊代表蘇格蘭的獨角獸，一直也有「鐵鏈繫縛馬足」和無「馬蹄」。

終審法院（徽章中獨角獸）

皇后像廣場的昃臣像

昃臣像下的銅碑

1930s 那些年的滙豐獅子傳說

臨近的皇后像廣場的戾臣像，同樣也有傳說。話說舊日夜深時候，有人曾看到戾臣自銅像下來，騎上馬匹，在城中走動，好不嚇人，還說他四處找人，於是就在他底座四周架起尖頂，讓他無從下來。

　　這些傳說流傳背後，想帶出甚麼訊息。夜已深，銅獅、石獅、金馬、戾臣像，都會四出走動。1930 年代的香港，似乎與電影的《翻生侏羅館》沒甚麼分別。但傳說的故事離不開社會形態。當時華洋社會仍有不少隔膜，下層華人對洋人社會仍充滿疑團；而當時社會景況，諸如人口失蹤、拐賣之事，時有發生，華人很自然將所見的雕像石刻，加入無限的想像。最後傳說故事會安排法師道士成為重要的英雄角色，解決疑團，甚至能將洋人解決不了問題處理妥當。如此，「完成」一個又一個傳說故事。

　　（＊想了解更多本節內容，可參考【港古佬】：「滙豐獅子成 PAT 子彈窿　二戰時差啲被熔」影片。）

1930s 那些年的滙豐獅子傳說

刊在港聞上的都市傳說

1948
太平山街居民
集體撞鬼

1952
鯉魚門天后廟
顯靈？

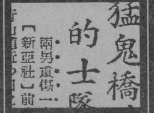

1955
猛鬼橋在何處？
大埔滘猛鬼橋

1970s
華富邨怪事多

1970s
高街鬼屋

1974
香港最恐怖
的辦公室

1978
屯門公路工程
斬龍頭

1980s
動不得的
「屯門麒麟石」

1980s
秀茂坪山泥傾瀉
與傳說

1980s
死去媽媽
不捨孤女

1983
屠房水牛
變牛郎神牛

1985
東華義莊鬧屍變

1948

太平山街居民
集體撞鬼

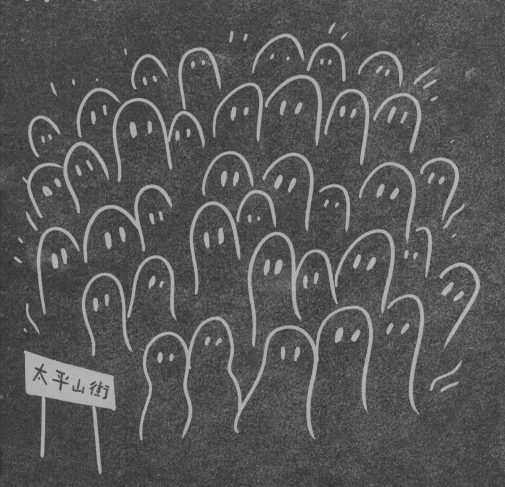

太平山街

潘啟聰
● ● ●

今昔標準大不同

聰明的讀者們或者已經留意到，在書中有不少的佐證都是新聞剪報。當然，在讀者心目中，這沒有甚麼大不了。現在的報章也不時報道鬼故事。在不少副刊上，著名恐怖節目主持的專欄文章，説鬼故事、都市傳説、風水玄學等都是常客。不過，也許你不知道，以往鬼故事的報道是刊登在港聞版之上！

《工商晚報》1963 年 5 月 9 日有「這處有鬼　那處有鬼：港大男生宿舍出現可怕女鬼」的報道

以上圖為例，你可以見到在〈港大男生宿舍　出現可怕女鬼〉旁就是〈建築中新樓要拆　因鋼筋不合規格〉的新聞了。如果考慮事件的重要性，相信沒有人會覺得「撞鬼」比「新樓鋼筋問題」更嚴重吧？可是，後者標題所佔的版面大小卻遠遠不及前者呢！幫助筆者處理這批文稿的學生助理是來自傳播學院的，她起初見到我搜集到的資料時，把眼瞪大得眼珠子都快要掉下來了。她説：「這些不能證其真偽，又隨時引起公眾恐慌的事，怎能報在港聞版上呢？要是現在這樣報，我一定給老師罵個狗血淋頭！」可見，傳媒對報道新聞的今昔標準有很大的不同呢！以下再多展示一些例子給讀者們看看吧：

《大公報》1981年11月11日有關佐敦站懷疑有人墮軌的事件報道

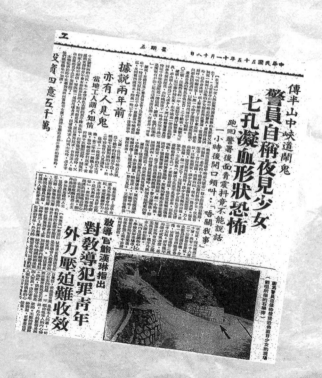

《工商晚報》1966年「傳半山中峽道鬧鬼　警員自稱夜見少女七孔凝血形態恐怖」的大標題報道

《工商日報》1953年3月6日以「麻雀桌上突多了四隻手　彌敦道鬼話連篇」為題的新聞報道（左下）

《工商晚報》1968 年以「警察宿舍鬧鬼」為頭條

集體撞鬼的報道

　　本章要跟大家講的都市傳說就是曾刊登在港聞版的一則報道。

　　這事件是在 1948 年 7 月 7 日刊登於《大公報》港聞版上，報道了一則市民集體撞鬼的事件：

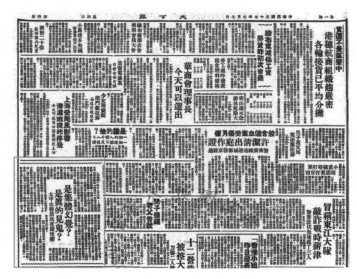

《大公報》1948 年 7 月 7 日的報道（左下）

事件發生在 1948 年 7 月 6 日的凌晨三點。上環西街太平山街普慶坊一帶發生了一件怪異得難以叫人相信的事情。然而，那裏的街坊卻對此事言之鑿鑿。據那一帶的居民所述，由於連日的酷熱天氣，部分街坊們都選擇睡在街上。當中有居民向採訪記者講述他的親身見聞：

> 　　當夜睡到三時左右，忽然一陣怪叫，「嘘嘘嘘」之聲與「胡胡胡」之聲交作；由於這怪聲尖銳響亮，所有人都馬上被驚醒。我也突然驚跳起來，竟看見約有一百或數十個像人般的影子浩浩蕩蕩如萬馬奔騰般，自普慶坊、卜公花園方面奔來，直向荷李活道飛跑。我當時嚇得面無人色地跑回屋內，不及細睹那些怪物。至於那些怪物的形狀如何，因為我那時候乃睡眼朦朧，所以印象模糊得很。

　　採訪記者隨後訪問了其他街坊，街坊們表示他們幾乎全都聽到那怪叫聲，被它所驚醒。由於起初以為是其他類型的意外 —— 如火災或塌屋，他們都沒有出外湊熱鬧。後來，隨着人聲越來越鼎沸，甚至有警察抵達現場了解事件，街坊們才出外了解情況。所以，他們多數只有耳聞怪叫，但沒有目睹甚麼。

　　街坊們雖然對此事是否與鬼怪有關仍疑信參半，不過他們還是決定訴諸宗教方法求個心安理得。由於街坊們有一種說法，認為是次事件或與數十年前香港大瘟疫及廿多年前普慶坊塌樓慘劇死者眾多有關。是以，他們傳說着那晚的事件或是那些冤魂作祟。因此，街坊們那晚起更發起募捐，去為那些冤魂打齋建醮呢！

中國的鬼文化

在上一則都市傳説，我們講到「撞鬼」和「冤魂」。本章就讓我們講講鬼的二三事。其實，「鬼」在我們的文化中存在已久。

據了解，商代甲骨文中已約有六十個字詞包含「鬼」字。當中有一些為外族的名稱，亦有一些具有「鬼怪」意思的概念，如「鬼疾」、「鬼夢」、「祟鬼」等。《詩經》中也有「為鬼為蜮，則不可得」（〈小雅・何人斯〉）及「內奰于中國，覃及鬼方」（〈大雅・蕩〉）之語。對鬼有比較清楚定義的，可見於《禮記》的〈祭法〉之中：「大凡生於天地之間者，皆曰命。其萬物死，皆曰折；人死，曰鬼；此五代之所不變也。七代之所以更立者：禘、郊、宗、祖；其餘不變也。」〈祭義〉中又云：「氣也者，神之盛也；魄也者，鬼之盛也；合鬼與神，教之至也。眾生必死，死必歸土：此之謂鬼。」

如此説來，在中國的文獻中，自古開始鬼已有「人死後的存在形態」之意。

撞鬼，有這麼易嗎？

佛教的佛、菩薩和高僧大德的事你可能聽得多了，可是佛教講鬼你未必聽過。今次就為讀者們講講佛教對鬼的看法。在佛教的角度而言，撞鬼有這麼易嗎？

其實，如果我們由中國「人死曰鬼」的定義來入手討論，在佛教之中相應的倒不是鬼，而是中陰／中陰身。根據《佛光大辭典》的定義：「所謂『中陰』，即人自死亡至再次受生期間短暫之識身。」再説明白一點，「中陰」是在人在這期生命結束之後，到下一期生命的出生之前的過渡性存在狀態。中陰身的生命週期很特別。首先，兩期生命之間的過渡時間

最長不過 49 日，代表中陰身的存在狀態最長只有 49 日；第二，中陰身的生命只有七天，死後再生而入下一期中陰身。故此，在下一期生命開始之前，中陰身最多可以有七期生死。第三，不是所有人死後都會經歷七七四十九日的中陰階段，據說極善極惡之人死後隨即進入下期生命，如生天或生地獄。如此說來，「人死後的存在形態」就只有不多於 49 日的時間，撞鬼有這麼易嗎？

另外，在佛教中確實有「鬼／鬼道」的概念，可是其定義於中國的卻完全不一樣。讓我們再來看看《佛光大辭典》的說法：「『餓鬼』乃三途之一，五趣（五道）之一，六趣（六道）之一。前生造惡業、多貪欲者，死後生為餓鬼，常苦於饑渴。又作鬼道、鬼趣、餓鬼道。」細心的讀者們，你們注意到嗎？對，有一句非常重要——「死後生為餓鬼」。鬼／鬼道，在佛教的世界觀中並不是中國之所謂「人死後的存在形態」。佛教的世界觀相信多期生命的存在，眾生因其未盡之業而流轉在生死輪迴之中。輪迴的去處有六道，包括地獄、畜生、餓鬼、人、天、阿修羅。鬼／鬼道是已投輪迴後，六道眾生的其中一類。用這種世界觀去思考，人是六道眾生之一，你在街上看見其他人，你會感到害怕嗎？狗是六道眾生之一，你在街上看見狗，你會驚慌失措嗎？那麼，為甚麼看到鬼道眾生，我們要感到害怕呢？

再講一個冷知識給各位讀者們聽，在佛教的世界觀中，部分民間信仰中的神其實屬於鬼道一類的眾生。祂們稱為「大勢鬼」。據《佛光大辭典》所述：「此鬼之勢大，諸如夜叉、邏剎娑、恭畔荼等均屬之，或住於靈廟，或依於樹林，或居山谷、處空宮等，所受之富樂與諸天相同。」一般民間信仰中的地祇就屬於這一類鬼道眾生呢！

撞鬼之嘛，怕甚麼？

1952

鯉魚門天后廟
顯靈？

施志明
● ● ●

有圖有真相？

香港四處都有天后廟，而每間都不同的顯靈故事。鯉魚門天后廟之所以成為本書探討的傳說。是因為我們流行會有這種說法：「有圖有真相。」真相？是的，正因為天后顯靈，有人拍下照片才珍貴嘛。

在此，簡單交代一下天后的背景。她是宋初福建莆田湄洲嶼螺鄉都巡檢林愿（或叫林惟愨）的第六女，名叫默娘，是因為說她生時有祥光異香，彌月不聞啼聲。由小時到長大，不少典籍說她經歷過不少神遇，得到神力。長大後，成為一名巫女，擁有神通的她，可以為人治病，通曉天文，又常救人於海難之中。因此北宋時期，民間已有建祠奉祀，並稱為「通賢神女」。其後，歷代屢有加封，於是林默娘由巫女演變成為天妃，至最後成為天后。

清初，明朝鄭成功退守台灣，繼續進行抗清活動。於是清廷以「遷界」政策進行「還擊」，逼令沿海鄉民內遷，打算斷絕台灣的「接濟」。當時香港地區鄉民受到連累波及，遷界後，鄉民流離失所，境內屋宇田野，被荒蕪廢棄。及後，清廷也發現此策並不可行，遂派施琅收復台灣。沿海地區復界後，天后信仰在朝廷大力推廣下，香港各處也建有天后廟。但鯉魚門這間有些不同，其建於清乾隆十八年（1753 年），由當時盤踞鯉魚門海域的海盜鄭連昌所建，鄭連昌為鄭成功部將鄭建的孫兒。鄭建死後，其子孫「不恥食清（朝）粟（物）」，便和沿海民眾勾結，逐漸成雄霸一方的海盜。天后廟重建時，發現有碑記刻着：「天后宮，鄭連昌立廟，日後子孫管業，乾隆十八年春立。」鯉魚門天后廟建於山腳近海濱處，除祀奉天后外，傳說更作為海盜的前哨站，有監視船隻往還、防範官兵進攻之用。

時至今日，香港各處天后廟中，以鯉魚門有相片，力證天后顯靈而為世人稱奇。當然，也有人說那是「海盜」廟。

鯉魚門天后廟顯靈的版本與故事

話說當年乾隆年間的天后廟，僅為海邊的一座「天后龕」，四處荒涼，山上有營寨。香港經歷日佔之後，鯉魚門天后廟已經非常殘破。因位處偏僻，信眾不多，附近聚居的大多是打石工，家境清貧，沒錢籌建重修（問題不只如此，下文再作解釋）。故此，當時的廟祝劉火燐非常苦惱。

1953 年農曆四月，天后娘娘報夢給廟祝劉火燐。說是廟宇快將倒塌，急須找人修葺。否則，祂將無容身之所，要求村民重修天后宮。廟祝將天后報夢一事，說給鄉長羅平，但鄉長認為此僅廟祝片面之詞，除非天后娘娘親自顯靈，才有「根據」。

及後，廟祝再次得到天后報夢，天后定了農曆四月初五午時（上午十一時至下午一時）顯靈。

當日上午，狂風暴雨，聞訊而至、期待天后顯靈的鄉民滿心狐疑。中午將過，天氣突然轉晴，天后宮上雲霞凝聚，顯出形同天后的形像。其時，鄉長終於相信廟祝報夢之說。鄉長羅平事前以五十元聘請攝影師，吩咐當日天后顯靈時，拍下情況。然而，攝影師總按不下快門，拍攝失敗，鄉長對此錯失良機，十分沮喪。此時，某日報記者蕭雲厂（音：庵）來到天后宮，表示拍下了天后顯靈的情況。有趣的是，蕭氏稱天后昨晚向他報夢，着他由石澳居所僱船，到茶果嶺對出海面，只要舉起相機，向東方拍照便可（另一版本說是，天后忽然附身廟祝，說要請「蕭雲厂」來攝影，剛巧蕭氏在茶果嶺居所，奉命「留影」）。

蕭氏說夢中天后稱，是次為修葺天后廟顯靈，若隨意給凡人拍下祂在地上的「相」，返回天庭則難以向玉皇大帝交代。因此拍照者必不可以腳踏土地，若要照片有公信力，更

相傳攝於 1953 年的天后顯靈照片

1952 鯉魚門天后廟顯靈？

不可隨意找攝影師拍攝，所以選中了記者蕭雲厂。

蕭氏乘船到茶果嶺對出海面，看到天空中有奇雲如仙女，輪廓清晰可見，連拍九張，隨即在附近照相舖沖晒，但僅有一張拍下天后顯靈。

天后顯靈照片一出，果然非常哄動。鄉長率先捐出三百大元，作修葺天后宮之用。

現時關於天后顯靈這件事，在宮內一塊由劉火燐敬送天后娘娘的石碑，其碑文如下：

> 竊思鄉長羅平說，若是真的有靈性，可在地下影相，但天后托夢火燐，即謂地下是不可能，若然就成賤相，就不能上天見玉皇，要在空中影才可以，後來在四月初五日午時，果然徐現空中奇雲，羅平聽了才相信，於是化去五十元，即請一個攝影師來攝影。但媽娘仍降同（按：應為「童」）說，若別人請無效，要媽娘請才有效。媽娘也請了新聞記者蕭雲厂，他由石澳回來，那條船就回茶果嶺，但媽娘即請他來影相，他是有兩個兒女，一個工人。當蕭雲厂到岸，即跑步前來，到了廟前，即上了三個石級，即影到了奇雲，他的相機影得很快，影了九張，才能成功一張。及後於四月初七日，即交來相底片一張。羅平看了，非常歡喜，但那個攝影師表露得更歡喜，即刻捐叁百元做建廟之需。

由此可見，記者蕭雲厂成為最重要的顯靈「見證人」。

見證人的背景

　　蕭雲厂的資料其實不多。過去張瑞威教授曾撰文〈鯉魚門的歷史、古蹟與傳説〉（收錄在《華南研究資料中心通訊》），講述鯉魚門天后廟的相關傳説來由，文中更指出蕭氏並非普通記者。

　　在 1959 至 1960 年間，蕭氏在九龍黃大仙租下七萬方呎的私家土地，並且，已向世界各地進口了穈禽異獸，包括野獸 112 種、野禽 120 種和蛇類 140 種，目的是向香港政府申請建立一個世界級的動物園。在他呈交香港政府的《香港動物園報告書》之中，簡單介紹了他的背景：其原籍廣東中山，當年（1960 年）52 歲，父親為澳州雪梨老華僑，全家信仰基督教。1932 年，當日軍進攻上海時，他回到中山，擔任縣立女師的教務主任；1934 年，返回上海，任某書局總編輯；在 1939 年，開始收購動物，並分別在杭州和上海法租界設立動物園；1951 年來港，「以繪雕刻、寫作及編輯雜誌為生」；1952 年在茶果嶺建私人別墅。以今天的説法：「有錢便可以任性。」在大陸解放後，蕭氏攜帶着驚人的財富來到香港。1952 年，除了在茶果嶺置業，翌年更參與鯉魚門天后宮的重修。到了 1960 年，更向香港政府申建動物園。報告書中，附有蕭氏在昭泰銀行（香港皇后大道中 122 號）的四十萬港元存款的資力證明。據與蕭氏認識村民所説，廟前石上的巨大石刻「江南煙景」，便是他的手筆。[1] 不得不提，那塊在石洞發現、乾隆年間由鄭連昌立的石碑，是 1953 年發現的。由此可見，這些故事，是否有人「製造傳説」，為廟宇將一個故事又一個故事緊扣起來呢？

59

1952 鯉魚門天后廟顯靈？

1　蕭雲厂：《香港動物園報告書》（1960 年），香港科技大學華南研究資料中心館藏，頁 179-182。另見張瑞威：〈鯉魚門的歷史、古蹟與傳説〉，《華南研究資料中心通訊》，第 20 期（2000.7.15），頁 5-9。

傳說與廟宇之相互關係

　　傳說與廟宇基本上是相生的關係，是因傳說是廣泛流傳，有助廟神信仰推廣。古今亦然，即使天后信仰本身，也是經歷過與不同的傳說及神通故事，層累推積而成，傳說與故事愈多，對廟神信仰愈是穩固。這裏用上「廟神」的字眼，是因「廟」與「廟」之間，也需要有信眾支持才得以生存。否則，廟亦自必成頹垣敗瓦，「神」亦無家可歸，即使是同一個「神」。在此，筆者不妨以該廟鄰近的天后廟做比對。其實傳說數量也不少，甚至有「比拼」的情況。

　　上文提及，鯉魚門天后廟位處海邊，戰後信眾不多，香火也不多。附近居民是打石工，經濟力低，而且他們主要拜祭的天后廟，是位於觀塘灣灣畔（今麗港城一帶）的天后廟，而該廟建於清道光年間，由官府所建，並由鄰近居民合資興建。如果據廟門石額所記，現存的建築，在光緒辛卯年（光緒十七年，1891 年）重建。這裏可以想像一下，同樣都是拜祭天后，但為何一間是「海盜廟」？一間是「官府廟」？

　　這所官府所建的天后廟，四山（茶果嶺、牛頭角、茜草灣及鯉魚門）也有集資興建。此廟為「四山頭人」[2] 會議的地方，及後再發展出「四山公所」，但此廟非四山公平持有，估計只是由茶果嶺及茜草灣所持有而已。1911 至 1912 年間，廟宇不幸毀於暴風，天后神像寄寓茅舍長達三十年。1941 年，四村的居民始集資修建舊廟，並選出代表組織神功值理會的主持廟務。後因該址被選為興建亞細亞油庫，才搬到茶果嶺現址，並於 1947 年重修。當年，新的天后廟採用原有廟宇所用的石材，而亞細亞火油公司亦捐獻了十萬港元資助建廟。

　　那麼，作為鯉魚門天后廟，僅為鯉魚門三家村的信仰中

2　當年四山都是打石村，每村任命一人當「頭人」，管束地方外，並代為收稅。

鯉魚門天后廟今貌

鯉魚門許願樹

1952鯉魚門天后廟顯靈？

心。信眾不多，廟宇重建更是困難。廟宇要得到捐資，便需要「傳說」力證。見證人是否製造了歷史傳說，讀者自行判斷。但戰後兩間廟宇，同樣生出類似的傳說較勁。

先說茶果嶺天后廟的傳說。廟前有一石，又稱「卵石」。相傳有求子得子之效。傳說當年已有不少多年不孕的水上漁民、陸上村民誠心禱告，膜拜求子石後，即求子得子；如願後在嬰兒滿月時，父母只要根據傳統，攜帶三牲、酒、薑、冬菇、茨菇、紅雞蛋和香燭前來酬謝求子石，便能平安大吉。依據茶果嶺村所建的告示牌所述，曾有一名民政官久婚而無兒無女，拜石求子，結果一索得男。當然，廟宇也為善男信女，準備龍床，摸一摸，生貴子。

至於鯉魚門天后廟附近的傳說，則是鯉魚門許願樹（現在稱「心願樹」）。相傳是「百年古樹」，對祈求姻緣極其靈驗，故此每年也有不少男女前來許願。若果如願，便需回去謝恩。有說曾有善信遲遲未有身孕，誠心祈求後，果得一子，故此不少人相信「許願樹」讓人心想事成。同樣的，希望求子的人，怎會錯過向東南方沿路走，便可到達鯉魚門天后廟呢？那裏同樣也準備了龍床，摸一摸，說是會生貴子的。

綜觀而言，廟神信仰要生存，傳說必不可少，同時不斷回應着社會的需求和願望，吸納信眾。

（＊想了解更多本節內容，可參考【港古佬】：「娘娘收兵有妙法 「記者」影到神仙姐姐顯靈」影片。）

1952鯉魚門天后廟顯靈？

1955

猛鬼橋在何處？
大埔滘猛鬼橋

施志明

那些年，對猛鬼橋的認知

小時候家住屯門山景和富泰，偶爾會與家兄和朋友自屯門騎單車到元朗。路途中，總會經過這個地方——洪水橋。那些年，自己對本地歷史認知不多，便顧名思義，想當然認為洪水橋就應該是洪水泛濫的地方。當然，也會聽到不少朋友說起很久很久以前，洪水橋洪水暴發，把一群小孩沖走，其後這裏經常鬧鬼，晚上會看到灰白的小人影走過。又有聽說過，這裏曾經是亂葬崗，日軍在這裏殺人，血流成河，死後的冤魂都停留在這裏，化成厲鬼，故此洪水橋段的公路，駕車人士經常看到奇異影像，也不時發生交通意外，因而路旁豎立不少「南無阿彌陀佛石」，取其有鎮懾靈體的功效。

傳說真的很多，但長大後，書讀多了一些，便發現洪水橋的故事，應當是另有所指；而鬼故事在以訛傳訛下，則由大埔滘的猛鬼橋，轉移到洪水橋。不打緊，鬼故事的功能，最重要是讓聽故事者有不寒而慄的感覺。

尋找「名副其實」的猛鬼橋

說回正題，尋找故事的真正主角。

香港有不少鬧鬼的地方，冠上「猛鬼橋」名號，似乎也不少。如據《大公報》1949 年 6 月 7 日的一宗交通事故，青山道近沙田一處便有「猛鬼橋」的名號（暫時未找到正確位置）。

65

《大公報》1949 年 6 月 7 日的報道

尋找久遠一點，便會找到戰前的堅道「猛鬼橋」：

《工商晚報》1938 年 7 月 26 日有關「猛鬼橋」的報道。

如此一來，便發覺「猛鬼橋」的名號實在太虛，虛得本地甚麼地方也有機會出現。但實質要找出較「有根有據」的鬼故事，發生過嚴重事故的，非大埔松仔園猛鬼橋莫屬。

位於大埔松仔園鄰近大埔公路大埔滘段十四咪半的猛鬼橋，於 1955 年 8 月 28 日，該地發生了洪水暴發、沖走學童的慘劇。

當日下午約一時三十分，來自多間小學的師生在松仔園進行戶外活動，同場亦有九廣鐵路的員工親屬。人們在溪澗附近野餐，有部分師生更於下游的「猛鬼湖」（今滌濤山所在）游泳。不料突然下大雨，大家都走到橋底避雨，惟山洪突至，大部分人走避不及，被洪水沖走，遇難者經過大水渠再被沖出大海。事件中共有 28 人罹難，死者中約二十人是聖雅各福群會小學學生。

慘劇發生後，當局後來將該橋更名為「怒水橋」，大埔七約鄉公所亦在該處立了一座石碑，以作紀念及警示。

《大公報》1955 年 8 月 29 日的報道

猛鬼橋有一塊石碑，題為《怒水橋洪流肇禍記》，碑文曰：「松仔園一地，山水清幽，郊遊者多趨之。一九五五年八月念八日，盛暑逼人，士女雲集，遊興方濃，洪流突至，趨避不及，葬身狂流者，男女長幼二十八人。勝地多險，其或然歟？都人士恐慘劇重演，特勒碑誌之，使後之來遊者，觸目警心而知所慎戒焉。遇難者姓名列下：吳灼明、張丁加、邱華佳、梁國權、魏淑蓮、謝焯華、張富星、徐煥興、歐德成、潘宏志、張志勇、馬仁志、莫作彬、林行根、梁寶珠、吳學強、周振興、李寶根、鄭棣華、金碧、麥煥勝、梁牛、王效全、李靜儀、梁錦全、黃麗卿、譚立民、梁海。一九五五年十一月吉旦立，大埔七約鄉公所全體委員全立。」

但是，大埔猛鬼橋在立碑易名之後，卻阻止不了意外。後來，位於「怒水橋」附近的一段大埔公路，經常發生交通事

矗立在猛鬼橋附近的石碑，以紀念當日在此遇難人士。碑上亦有述其過程，以及遇難者姓名。附近亦修建了一座涼亭，讓遊人在此休息。

故，釀成多人死亡，當中更涉及多次離奇車禍。

《工商日報》1960 年 3 月 22 日天於兩宗車禍的報道

因此，怒水橋還是離不開「猛鬼橋」的名號。傳說更愈傳愈多，有說途經此橋的人看到橋下有一群小朋友，在向他招手；亦有人表示在該處無端被怪力推了下河澗；晚上，有駕駛人士曾目睹這裏有灰白的人影在橋邊走來走去。又或者是有厲鬼作弄司機。

《工商晚報》1967 年 9 月 7 日有關嚴重交通意外的報道

這些不時發生的交通意外，成為「猛鬼橋」傳說的重要依據。更有一說，當年的孩童正找替身。筆者暫且將這個問題擱下，再說另一個延伸的傳說。

電影《猛鬼橋》與奇異照片

1957 年電影《猛鬼橋》於香港上映。有傳說稱，這套電影中的女演員程麗與一眾演員，曾到大埔松仔園郊遊。當地村民得悉明星到訪，於是紛紛慕名而至。其中兩名身穿校服的學生一睹明星風采之後，大膽要求與程麗合照，於是隨行的攝影師便為他們拍照。

照片沖晒後，攝影師將照片交予程麗時，程麗對着照片，祝願相中的兩名學生快高長大，勤力讀書，為社會作出貢獻。之後，將照片放在相簿內。

故事未完，到 1964 年，她那年正拍攝電影《女俠脫脫兒——上》，飾演素心女尼，本分上下兩集，且均有其角色，但是她拍了上集後便息影。她息影的原因，據說是拍攝期間整理相片，發現數年前在松仔園與兩名學生的合照，相中兩名學生已「快高長大」。追查下，兩名學生便是 1955 年慘劇下的遇難者。於是，她看破紅塵，出家做了尼姑。[1]

問題來了？

先說回《猛鬼橋》的電影，雖然電影上映時間是在慘劇發生後的兩年，但電影內容大體與事件無涉。不過，正因兩者時間相近，傳說便將大埔松仔園猛鬼橋與電影《猛鬼橋》相

1 尹天仇：〈照片裏快高長大的靈體〉，《排在龍尾別回頭——令人顫慄的都市奇談》（香港：文化會社，2018 年），頁 105-106。

電影《猛鬼橋》宣傳廣告的一部分（1957）

扣，使聽故事者產生聯想。至於遇難學生在照片中長大，現時網絡上另有流傳版本，說是一位女歌星（佚名），於小時候跟父親經過該處，途中見一對兄妹在路邊等候，似是迷路。女歌星的父親好心將二人接上車，並送回市區的家中。由於兄妹跟女歌星十分投緣，於是三人合照留念。怎料事隔十多年後，女歌星再翻看那張照片，相中的兄妹竟長大成人。[2]

兩個版本，似乎不少穿鑿附會的地方。程麗的版本：一、配合了她拍過的影視作品；二、配合息影前的角色；三、曾到過松子園。女歌星（佚名）版本，只僅有路經該處。但帶出的訊息是，照片中的孩童會隨年月長成，而孩童是遇難者之一。如果要力證真有其事，或者要得到程麗及該名歌星證言，甚至是照片為實；而且，按程麗版本說法，她顯然出於善心，祝願相中人快高長大，但最後因相片的奇異現象，使得看破紅塵，是何種道理？何來的邏輯？

說回大埔怒水橋，原名確實是猛鬼橋，而且按 1955 年報道，已稱該處為猛鬼橋和猛鬼湖，因此猛鬼一事，來源並非此次慘劇。大埔七約公所其後所立的碑石，現時在松仔園大埔滘花園內；但根據報道所載，猛鬼橋並非碑石旁的橋，而應在流經松仔園的大水坑（現時地圖上稱為「大坑」）之下，大約二十分鐘腳程，再往下走，便是猛鬼湖。故此，當年猛鬼橋所在地，現時已經變為一大型屋苑。

同期，1951 年《香港九龍新界旅行手冊》中，西貢井欄樹也有一個「猛鬼湖」，而命名源因是多人在湖溺死。由此可見，大埔猛鬼湖及猛鬼橋的命名，按理早在 1955 年以前已有多宗溺斃事件。特別是當年市民安全意識不足，溺斃之

香港都市傳說全攻略

2　參看〈大埔猛鬼橋：50 年代山洪暴發 28 人遇難　多年來多宗離奇車禍〉，「CYBER X-FILE 靈異檔案」（網絡資源：http://cyberxfiles.com），瀏覽日期：2019 年 3 月 20 日。

事，時有發生，故此香港各處皆有冠上「猛鬼湖」、「猛鬼橋」之地名，加上傳說，正好告誡聽故事者，提高警惕。一如今日，渠務署也有宣傳短片提醒市民，提防洪水，切勿走近河道。這些傳說，或者有異曲同功之妙。不過，傳說的「後遺症」，是成為好事者「冒險」的依據。

除此之外，以訛傳訛是都市傳說的特色，而這些故事更與各區不同的橋扣聯在一起。

正如筆者小時候認知的洪水橋，就是一例，顯然將大埔猛鬼橋的傳說複製過來，錯把「怒水」作「洪水」。洪水橋原名為「紅水橋」，得名自丹桂村後的「紅水山」和名為「紅水」的小河，而且早在《新安縣志》的〈地理志〉便有記載，更道出地名的來源：「紅水山在城南五十里，周環十餘里，昔傳土人於此遇賊殲焉，坑水盡赤，故名。」[3] 至於，這裏猛鬼不猛鬼呢？是否曾經有人死亡呢？鬼，慶幸有聽過，沒見過。人，是有死的。洪水橋路段確實有「南無阿彌陀佛碑」[4]，這代表曾經發生交通意外的地點。[5] 現實意義來看，石碑有提醒駕駛者和路人這是交通黑點的作用。

73

---

3 《新安縣志》中的「紅水山」，即元朗紅水山、洪水山或洪水坑山。

4 「南無（嘸嘸）阿彌陀佛」是佛教淨土門的六字真言。「南無」是敬禮之義，據《法華經》解釋，又或是「度我」之義。「阿彌陀佛」即無量壽佛，有說此語等如「功德無量」。整句即為「度我無量功德」，藉此向因意外身故的亡靈孤魂，一併超渡。

5 2008 年 5 月 1 日，一輛載滿神慈秀明會教友的旅遊巴，沿西貢公路至漳涌迴旋處，因收掣不及，翻車失控，造成 19 死 43 傷的交通事故，現已設立一塊「嘸嘸阿彌陀佛」碑，該報道見〈恐怖車禍專輯：旅巴西貢飛車撞翻 18 女教友慘死〉，香港傳媒，2008 年 5 月 2 日，〈頭條〉；另外，屯門公路路段也因曾發生交通意外，而設有此石碑。

1970s

華富邨怪事多

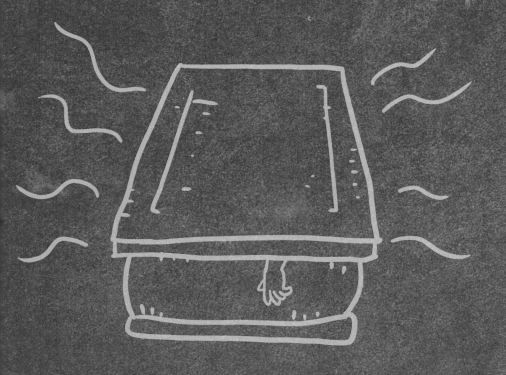

施志明

美好的宣傳

　　華富邨建築在優美就薄扶林海邊，係香港屋宇建設委員會嘅第八個廉租屋邨。呢度每個居住單位都有寬闊嘅地方，有獨立嘅廚房，有客廳，仲有沖涼房。每日放工返到菈屋企，用花灑沖返個涼，真係人生樂事。

　　華富邨裏面仲有好多花園添。細路哥最高興嘅呢，就係兒童遊戲場啦！仲有好多間學校同幼稚園，教育我哋嘅下一代。華富邨裏面重有街市，有銀行，仲有酒樓，更有多層的停車場，應有盡有。

　　呢家人呢，成為咗香港屋宇建設委員嘅第二萬五千戶住客，你睇下佢地係華富邨嘅新屋幾整齊，D 細路哥可以舒舒服服咁做功課，仲可以係騎樓種返幾盆花，一家人安安樂樂咁過日子。

　　　　　譚炳文旁白，政府 1968 年〈華富新邨〉宣傳片。

　　很羨慕吧？很想要吧？但這些機會不是我的。現時，不少香港人都為住屋問題煩惱，但當年政府興建華富邨後，卻為它少人申請入住而煩惱。甚麼？華富邨這無敵海景，堪為「平民豪宅」，能入住的，誰不要？對，當年真的很多人不想入住，因為華富邨原址是……

華富邨的前世

　　華富邨的原址包括了雞籠灣墳場（因鄰近雞籠環村，又稱「雞籠環墳場」），是香港開埠初期的華人公共墳場。當時，墳場確實的範圍，包括了今天的香港島華富邨和雞籠環配水庫一帶、域多利道以南，以及石排灣道近華富邨段的兩

1970s 華富邨怪事多

旁。墳場的範圍較廣，因此憲報稱石排灣道以東段為「雞籠環東墳場」（Kai Lung Wan East Cemetery）。

在 1874 年前，墳場便有殮葬記錄，亦有處理甲戌風災的遇難者遺體。到 1900 年，香港受到鼠疫影響，大量因病疫而亡的屍體急需處理。於是政府在 1901 年把雞籠環東墳場闢作疫症墳場。（如讀者熬不住這些資料，可直接跳到下一段）1907 年 1 月，政府批准擴建墳場至域多利道及薄扶林道；同年，再批准擴建。1923 年，兩邊各設有潮州墳場段（至今在配水庫一帶山路，仍可見指示往潮州八邑段的指示）。到 1934 至 1935 年，為了安排於雞籠環近岸設置軍事陣地，當時的立法局文件載述曾要求移除部分駭骨。

日佔期間，有傳成為亂葬崗。戰後，港府需要處理大量遺體，於是在新界開闢和合石墳場。雞籠灣墳場於 1956 年遷往和合石墳場，到 1959 年停用。其後，1963 年，原地發展華富邨及雞籠環配水庫，於 1967 至 1969 年分階段完成。

《工商晚報》1953 年 5 月 11 日有關墳地遷移的報道

故此，不少人對曾經作為墳場地帶的華富邨，避之則吉。加上早年交通不便，所以華富邨落成初期，入住申請不多。為了吸引市民入住，當年政府才播放「華富新邨」的宣傳影片。

傳說之一：不化棺材

　　話說在 60 年代初，由亂葬崗改建為屋苑的華富邨，本來是陰人棲身的場所。當中有數萬個靈位，在政府的勒令文下，便須「舉家搬走」，如無後人認領的，便要「痛失家園」。然而，傳聞在亂葬崗中，尚留下一副棺材，無人敢移，因為只要觸摸該棺，必生大病。據街坊所說，該棺材一直留在居民協會對上的巴士站草叢。當年工人開路，本想讓邨民暢通無阻，豈料工人一碰，不是病倒，便是發生怪事。為求保命，工人紛紛停工。其後，當局人員為保眾人平安，放棄原有計劃，將棺材保留原位。

傳說為不化棺材的位置

傳說之二：穿軍服的鬼魂步操

　　在屋邨建成早期時，時常有鬧鬼事件傳出。如居民在夜間會聽見步操聲，更有人在升降機內看到穿着軍服的鬼魂。

傳說之三：瀑布灣與小碉堡鬧鬼

華富邨臨近瀑布灣，故不時有孩童到瀑布灣嬉水，但正因不時有孩童溺斃，故街坊認為是有水鬼找替身。另外，話說在 1980 年代，有一班小學生到此嬉水，傍晚時，看到一名長髮白衣少女，背靠岸邊，面向大海，反覆洗面。有人好奇走近探看，她便抬起頭來，她的臉上竟沒有五官，嚇得小學生立時四散。附近的碉堡，亦有鬧鬼傳聞，有說當進入碉堡內，會聽到一把聲音叫你離開。

傳說之四：「太猛鬼」的 23 樓

據老街坊說，那裏的經常鬧鬼，特別是某幢樓的 23 樓全層無人入住，全因「太猛鬼」的原故。

傳說之五：「菩薩街」

邨內有一處放滿神像的地方，是邨民搬家時安置神像的地方。後來神像愈積愈多，有老街坊稱該處為「菩薩街」。後來，有些晨運老人家會為神像清潔和上香，於是得到神靈庇佑，鬧鬼事件比以前少了。

解畫：傳說與真實之間

傳說太多，不如嘗試推敲一下傳聞如何鬧得起來。

首先，華富邨原址為雞籠灣墳場，正因如此，鬧鬼傳聞與它有着密不可分的關係。當中以「不化棺材」的傳說，算是比較特別。所以，筆者過去拍攝節目時，也曾經嘗試尋找。當天一行人曾到指示位置，打算一看究竟。但由於推斷位置

已被鐵絲網阻隔，還是難以判斷那副不化棺材正確位置。（其實，筆者懷疑是排水管道的受力石屎，形狀成方，從而構成傳說。還待勇者一探究竟。）

判不了真假，但雞籠灣墳場是真實的存在，使得傳說更是「有理有據」。

至於另一猛鬼勝地，臨近華富邨的瀑布灣，政府早在1970 年代開闢成瀑布灣公園，作為市民休憩的地方。然而，該處不時有溺斃事件發生，成為傳說的憑據。如果讀者在公共圖書館 MMIS 找尋「瀑布灣」相關報道，更會發現當時不少社會上的問題：

《工商日報》1976 年 1 月 29 日有關瀑布灣公園工程已完成的報道

再說傳聞中，曾看到穿軍服鬼魂步操，這與香港不少地方傳聞類同（見〈高街鬼屋〉一文）。大體可歸類為戰後傳說藍本，只要地方上曾是「亂葬崗」與「日軍」相關的話，便有足夠憑據支持傳說繼續發展。

至於部分座數大廈全層

華富邨瀑布灣
發現半裸女屍
北角碼頭浮屍被水冲走

【本報訊】一具半裸女屍，昨晨九時許在奉富邨。瀑布灣被人發現，已死去多時。約在同一時間，北角碼頭對開海面亦發現一具浮屍，惟據警方人員死因不明。

經法醫官檢驗後，證實往關魚門方面，屍體已被水冲去。據知會水警人員往場時，屍體已被水冲走，在沿途搜索，但無結果。

色十恤，下身僅穿一條，被發現時上身穿粉紅內褲，約二十五至卅歲成

《工商日報》1981 年 8 月 1 日有關瀑布灣發現屍體的報道

薄明在總結前時重中，假使有條例不獲通過，則有關輔助醫療職系的註冊和制前工作守則的工作均受影響，同時當局亦……已沿割條前法例，華……病人提供輔助醫療服務。

老翁疑因病厭世 公園內跳崖自盡

慘劇昨在瀑布灣公園發生

【本報訊】香港仔華富邨一名老翁，中午在附近瀑布灣公園跳崖自殺，跌落二十米深墜崖喪生。

死者吳×福（七十六歲），患有癌症，與家人居於華富邨……十六歲），與家人居於華富邨……

昨日中午約十二時，老翁出現在附近的瀑布灣公園，未幾被人發現遺留下衣物在崖邊，有人報院卧崖下，經救出送……調查認為無可疑，懷疑死者因病厭世自殺。

十米深崖底發現老翁倒卧崖下泊……消防員到場搜索，結果在二十米深崖底發現老翁，立即報往瀑布灣公園跳崖自殺，跌落二十……立即報往瀑布市買翻歸家，獲鄰居……

香港仔失踪男童 浮屍瀑布灣海面

【本報訊】一名小童，前日突然離家失踪，家人報警不果，昨晨其屍體在香港仔瀑布灣海面發現，警方初步懷疑小童不慎失足墮海遇溺。

死者黃誠志，九歲，就讀香港仔鴨脷洲山小學二年級下午班，與兩妹及童黃誠志……父母同住，住仔華富邨一七×六室。昨日上午八時三十分，華富邨瀑布灣對出約十米海面發現一具浮屍，警方人員聞訊到場查看後，乃召水警到場打撈，經調查後，証實死者乃前日失踪的九歲男童。

《工商日報》1982年8月8日有關失蹤男童的屍體在瀑布灣被發現的報道

《大公報》1989年12月14日有關公園內有人跳崖自殺的報道

空置，是由於混凝土不符合標準，使得承力牆結構不足以承受樓宇負荷。故此，華樂樓、華康樓及華昌樓這些大廈均需要封閉部分樓層安放巨型鋼架，設計上是將力轉落鋼架之上再分散到地面，以減輕承力牆的負擔。如此，空置層數便成為街坊所指「鬧鬼」、住客遷出的憑據。

　　「菩薩街」的出現，是近年由於居民遷出，造成的社會現象。這些例子，在香港各處時有發生，這些神像原是在家中供奉，但當信眾老去，其子女不崇信拜祀，神像便被送往鄰近山坡，或神壇，或大樹之下，算是為神像另覓了居所。至於，是「菩薩街」出現後，使得鬧鬼的事更少；抑式是遷出者多，居住者少，使得怪事數目下降。哪個說法合理，則讀者自行判斷。

傳說與現實縮影

　　實際上，華富邨是戰後社區發展的縮影。當年，政府將這裏的「死地」化作「生地」，解決房屋問題。房屋建好了，解決入住者少的問題。居民入住了，便解決林林種種的社會問題，例如仇殺案、跳樓、自縊、虐貓。

　　傳說背後，或許是社會問題的一種告誡：以鬼故事提醒小孩切勿走近海邊瀑布，慎防遇溺；以鬼故事，提醒男女邨內治安不靖，切勿夜歸，小心提防；以鬼故事，解釋所見的人去樓空，對真相的「一無所知」。

　　說到這裏，最無奈的，是看着華富邨製作宣傳片，在「愈住愈細，愈住愈貴」的今天，真的傳說比不上現實的恐怖。

1970s 華富邨怪事多

1970s
高街鬼屋

施志明

打卡好地方是「鬼屋」

　　試數香港十大猛鬼地方，很多人都會想起「高街鬼屋」——即港島西營盤「高街舊精神病院」。叫得「鬼屋」，當然「猛鬼」。單看今天的外牆立面，那用花崗石所砌成的古舊建築物，足以令人有種望而生畏的感覺……算一算，已經有 120 年歷史之久。不過，因為這古舊立面，內有寬闊的遊廊，加上整個建築大量採用早期巴洛克式細節，時至今日，仍吸引不少年輕男女，打卡留念，甚至成為拍攝婚紗相的好地方。難怪有人說「愈愛愈瘋狂」、「戀愛如精神病」。說笑，不用太認真。說回這裏的鬼故事吧。

高街鬼屋的傳說與不同版本

　　傳說日佔時期，日軍曾徵用高街精神病院，日軍部隊進駐，將高街精神病院作為憲兵部，兩層地牢改為逼供及行刑室。另有一說，是閣樓曾用作行刑場所，專門用來吊死犯人。於是，三年零八個月間，死在地牢的人多不勝數。此外，日軍在西營盤一帶「拉伕」，強逼他們在醫院前的佐治五世公園，掘來作為埋葬屍體的亂葬崗。

　　戰後，該處改作為女子精神病院。到 1961 年，由於屯門青山新建成精神病院，便改為一般精神病的日間診所，不收留院病人。到 1971 年，則完全被屯門青山精神病院代替而廢棄。於是鬧鬼傳聞再生出傳聞，發展出不同版本的鬼故事。

　　1970 年代，有人說地庫下有不少精神病人撞頭而死，所以每到夜晚就會傳來「嘭！嘭！嘭！」的撞頭聲。至於坊眾流傳的，就是有深夜時間，不時會看到「天台排隊跳樓」的情景，也聽到淒厲的叫聲。

　　另一個傳聞，是精神病院棄置之後，有人曾入內一探究

竟。內裏既陳舊，又陰森。突然，他被眼前的景物嚇壞了！他看到閣樓一處，正上演日軍當年行刑的情景：日軍將一個又一個犯人嚴刑拷打，並將其吊死。突然，景物消失得無影無蹤。之後，閣樓位置再也找不到。有說這個閣樓，是日軍當年秘密處決犯人的地方，所以一般人無法找到這個閣樓。

　　類似的傳聞，同樣是在棄置後的病院，吸引一些人入內探險。這些人大膽地偷偷走入住過精神病人的房間。然而，進入房間後，只看到破舊的床架。眼看沒些特別，於是打算轉身開門便走。豈料，原來的門不見了，只餘平整的一堵牆，他當時就嚇呆了！傳說這些人永遠走不出房間。（按：走不出，我們怎知這傳聞？）

　　另類一些，是說當年病院醫療設備不足，送入來的病人都是「等死」。死後化成厲鬼。故此，有不少駕車人士經過廢棄了高街精神病院，會聽到裏面傳出淒慘的叫聲，而這些厲鬼比一般鬼魂更凶惡，令到高街精神病院變得特別猛鬼。因此，連帶附近斜坡，也曾經發生多次交通意外。

不同時期的高街精神病院

　　說回真實的情況，這座高街舊精神病院，原為國家醫院宿舍，主要讓外籍護士入住，至 1939 年才成為精神病院。

　　由於香港在 1874 年以前，並無專責部門處理精神病人。歐籍病人會送到中區警署域多利亞監獄；而華籍病人，更只會鎖上手扣，困在東華醫院的細房內，又稱「癲人房」。到 1875 年，政府將荷李活道和鴨巴甸街交界一間破屋，作為臨時精神病院（即現時 PMQ 元創方位置）。1880 年，再遷往國家醫院（西營盤醫院）。直至 1884 年，新歐人精神病院落成（又稱域多利精神病院），位置是與高街舊精神病院一街之隔的東邊街；而華人精神病院，亦於 1891 年落成。

前高街精神病院

前華人精神病院

1939 年，由於本身精神病院（東邊街）床位不足，所以相鄰的國家醫院宿舍（高街鬼屋）才改建為女子精神病院。日佔時，有傳為憲兵部，又有指病院空置。1945 年重光後，恢復為女子精神病院。至 1961 年，隨着青山醫院落成，改作日間精神科門診部。1969 年，擴建部分作為聯合書院高街校舍。

至 1971 年，高街舊精神病院因停辦門診服務，才告廢置。及後，發生兩次火警，令內部殘破不堪，所以「鬼屋」之名亦隨之而起。

今天鬼屋的現實用途與外界的「猛鬼之地」

舊高街精神病院丟空近二十多年後，最終活化為西營盤社區綜合大樓。現時樓高八層，設有託兒所、展能中心及單身人士宿舍。說是「猛鬼」，但筆者時運高，拍攝節目或導賞時，也感受不到異樣。

然而，它曾被日佔時期被佔領，有是治療精神病人的場所，傳說在這些基礎上發展，使得難以為其脫離當中關係；而且，日佔時期香港華人所受苦難，更呈現在在傳說之中。

西營盤老街坊除了指高街鬼屋傳說多，鄰近的佐治五世紀念公園也不少，甚至相互呼應。上文提及，公園曾經作為亂葬崗，是處理屍體的地方。故此，有人指 1960 年代，在公園球場踢球時，不慎把球踢到公園山坡，過去拾球時，不料發現骨頭。又有坊眾指，夜深時候，曾看見灰白色的日本軍隊在公園操兵，有時他們會由高街鬼屋開始，從山上向山下走去，然後消失。又有說曾見到有灰白色的馬姐、工人，在這一帶遊走、消失。

至於近年聽聞的傳說，則有「灰白男孩事件」。有說一名家長帶小孩在公園玩耍，在椅上與熟人聊天，不時以眼角看

佐治五世公園

佐治五世紀念公園標記

佐治五世公園旁的奪命斜坡

顧小孩，卻見一男孩，從斜坡向遠方跑去，當下不意為然。但公園路旁的東邊街為斜坡，該男孩向下跑時，應因斜度而消失不見。[1]但是，男孩卻能在水平線奔跑。再看清楚些，發現男孩全身灰白，家長便驚恐起來，馬上帶孩子離開。這怪事傳開後，公園便人跡罕至。

上文提及的東邊街，又稱「長命斜」、「奪命斜」。過去曾發生不少交通意外。該條路的「斜」，不時導致車輛「溜前溜後」。最嚴重的一宗，發生在 1984 年，而 2012 年更發生三宗，茲列如下：

1）1984 年 8 月 24 日，一輛運載竹枝的貨車準備在東邊街左轉入第二街時，突然失事，俯衝溜前，連撞前面兩部私家車，並連人帶車撞入店舖內，私家車隨後爆炸着火。其中，貨車司機、私家車司機及水果檔女檔主死亡，意外一共釀成三死九傷。

2）2008 年 11 月 29 日，一輛運載兩支風煤樽的貨車在上斜時，因前車減速而煞停，兩板風煤樽隨即飛出車斗滾落斜路，其中一支更因樽嘴被撞，以致洩漏氣體，事件中無人受傷。

3）2012 年 4 月 10 日中午，一輛 5.5 噸拖車拖着同屬 5.5 噸但滿載貨物的吊臂車，前往第一街維修時，於東邊街上斜時馬力不足停下，司機脫開拖架準備更換拖車時，吊臂車溜後衝過皇后大道西撞入兩店舖內。事件中兩男一女慘遭橫禍，其中八旬老婦被捲入車底，輾爆胸腹分屍慘死。司機涉危險駕駛導致他人死亡被捕。

4）2012 年 7 月 14 日中午，42 歲黃姓司機駕駛菓菜店冷

---

1 參看〈「亂葬崗公園」、「長命斜」前世今生〉，《明報》，「文化」版，2016 年 7 月 29 日（網絡資源：https://news.mingpao.com），瀏覽日期：2019 年 3 月 22 日。

凍貨車沿東邊街上斜，經第一街後，停車熄匙後下車。豈料
他沒有拉緊手掣，貨車突然失控，沿斜路溜後十多米遠，車
尾鏟上人行道撞毀鐵欄，再狂撼餅店及旁邊麵家門口。餅店
門外貨架及櫥窗玻璃破裂，麵家招牌亦被撞爛，幸未有殃及
途人。

　　5）2012 年 7 月 17 日下午三時許，一輛沿東邊街上斜的
貨車，懷疑故障停下，突然溜後大約三十米，當時司機仍在
車上。貨車尾撞向東邊街和第一街交界的地舖，櫥窗損毀，
無人受傷。出事之地舖，剛好正是 1984 年 8 月 24 日爆炸的
同一舖位。

　　連串的交通意外，使得傳說更能緊密聯繫，難以割裂。
同時，鬼怪故事在戰後呈現以日佔時期進行描述的對象，日
本兵、無辜喪命的平民百姓等，皆成為重要的故事素材。

　　（＊想了解更多本節內容，可參考【港古佬】:「高街鬼屋
知多啲　兩度火燭變靈異」影片。）

1974

香港最恐怖的辦公室

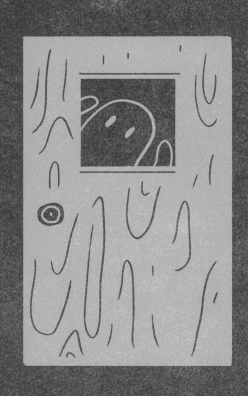

潘啟聰

辦公室多鬼事？

　　各位讀者，不知道你對你辦公的地方有甚麼印象呢？我
蠻喜歡自己辦公的地方。我辦公的地方以藍色為主要色調，
窗外可以望到大學的室外泳池。累了的時候往窗外望望，心
情頗為舒暢的呢！

　　我的老朋友阿賢就可不一樣了。他的辦公室，據他所
講，可是蠻「熱鬧」呢！阿賢大學主修創意媒體，畢業後一
直都在創作公司工作。據他的描述，他前公司由停車場改建
而成，單位面積頗大。他公司設有他經常逗留的後期製作及
剪片室，有處理日常行政工作的大廳，還有兩所錄音間。他
和同事們又將之戲稱「陰間」。「陰間」一來取名自「錄音間」
的「音間」二字，二來整個行業都知道錄音間比較招陰，不少
行內的鬼故事都來自錄音間。錄音間錄到怪聲、電台節目遇
鬼來電、透過錄音間大玻璃窗見鬼等的故事在行內可謂不絕
於耳。今次講的是阿賢的親身經歷：

　　有一晚，因為公司接了一個大項目，阿賢與同事工作至
夜深仍未趕上計劃的進度。他們估計工作非一時三刻可以完
成，二人決定去公司門口吸兩口煙休息一下。他公司的走廊
成一個 C 字形。剪片室在公司最入的地方，在走廊的一端。
公司的門口在走廊的另一端。要到公司門口，他們必須要途
經大廳和「陰間」。大廳和「陰間」在走廊中段，大廳在走廊
內側，「陰間」在大廳對面。阿賢與同事走到大廳和「陰間」
中間一段路時，大家忽然交換眼色。然後，二人立時急步衝
去門口，到了停車場才停下來。兩個人在停車場裏煙接煙地
吸着。大約抽了兩三支煙後，二人才緩緩吐了一句：「你都看
見了？」阿賢回過神後，心想事情做不完被罵，比被鬼嚇更可
怕。於是，他跟同事說：「回去吧！」誰知那位同事似仍驚魂
未定。一問之下，原來這次撞鬼的經歷對那位同事來說是第

二部曲了。

　　同日的上午，那位同事（為方便繼續講故事，姑且給他一個化名叫「阿軒」吧！）要跟一位女同事談公事。見她旁邊有一張空凳子，阿軒就一屁股坐下去了。那位女同事跟他說：「我去你的座位再談吧！」阿軒說：「不用麻煩了！我跟你講兩句而已！你打開我剛才發給你的電郵，我現在就告訴你。」女同事堅持道：「行啦！行啦！去你位才講啦！」阿軒不依。女同事忍不住了，說：「走啦！你一下子就坐下來，原本在座的那位要發怒了！」阿軒這才想起這位女同事有陰陽眼。他沒有再說甚麼，立即就與那女同事回到自己的座位處。午膳時，女同事跟他再談此事，並向他仔細形容了那位在座位上的「仁兄」。平常胃口很好的阿軒嚇得午飯都沒有吃完就回去工作了。為甚麼說晚上在「陰間」見到的是第二部曲？因為阿軒告訴阿賢剛才他們見到，把臉貼在「陰間」大玻璃窗上看他們的那位「仁兄」，正是他日間得罪了那位呢！結果，他們二人去了附近餐廳，待第一線曙光初現後，他們才回辦公室繼續工作。

　　各位讀者，你喜歡你的辦公室嗎？

香港最恐怖的辦公室

　　試想像一下：

　　你本來正在工作，因內急而匆匆地趕去洗手間。解手過後，你覺得身心舒暢。你在洗手後正要回去座位工作。可是，你赫然發現，你再也找不到出口的門。你會怎樣呢？

　　又一次，你在洗手間裏想找一個廁格如廁。期間你在廁格門底望進去時，見到有一雙腳在裏面。你發現廁格沒有鎖上。你推門進去，想取笑一下同事。誰知門後空無一人。你會怎樣呢？

　　下班了，你刻意花了些時間把桌面都收拾好才離開辦公

室。第二天，你一早就回到辦公室了。殊不知，偌大的打字機居然不見了。其後，你打開抽屜時，竟然發現打字機在抽屜裏。到底是誰把它放進抽屜裏？這種打字

機可是重得連健碩的男士都只能勉強搬動的。更誇張的是，隨着越來越多同事回到辦公室，你發現辦公室內所有的打字機都竟被移動過，不是被放在抽屜裏，就是被放在地板上。你會怎樣呢？

　　最後一個問題，如果以上的事全發生在同一個辦公室裏，你還願意上班嗎？

　　以上請各位讀者想像的情景，我一定要補充一句：如有雷同，不是巧合。上述的事情全都發生過，更是在同一個辦公室內發生。那辦公室堪稱香港最恐怖的辦公室。它就是美利大廈前差餉及物業估價署的辦公室。美利大廈於1844年落成，原為英軍兵房的一部分。到了日治時期，日軍將它用作憲兵總部之用。大廈內設有囚犯室及行刑場。據說在大廈內被殺掉的人就有約四千人之多，被稱為醫院以外死亡人數最多的建築物。到了1970年代，差餉物業估價署遷入大廈設置辦公室。自此之後，怪事頻頻發生。以上的三個例子只是冰山一角。有職員報稱辦公室內的檔案會自行移動、有外籍高官在走廊上撞正無頭鬼、職員在空無一人的辦公室聽到打字機聲等等。擾攘多年後，政府分別聘請了牧師、神父以及道士在大樓內進行驅鬼儀式，情況仍未有好轉。最後，政府再請了56位佛教的法師去進行超度和放焰口，當中三位最德高望重的高僧在最猛鬼的位置唸了一整天的經，鬧鬼事件才得

以平息。這件事在當年惹來社會各方關注，連《工商日報》亦
有報道（見下圖）。

普羅大眾對宗教的看法

一般普羅大眾謂「信」宗教，與真正的信徒不太一樣。

你對正信的佛教徒說：「咦？你拜佛？何解你還是厄運連連？」正信的佛教徒多半會說：「人生是苦嘛！因此，我更加要努力修行，務求離輪迴苦得涅槃樂！」然而，普羅大眾的所謂信徒，他們大多數會答你：「咦？你也覺得祂不太靈光嗎？那麼來年一定要另選一位有求必應的參拜許願啊！」

對於普羅大眾信仰宗教的心理其實很容易把握：一、求更好的生活環境；二、求能倖免於災禍。這大概就能把普羅大眾的心理說明。因此，所拜的對象是否強大往往就是民眾所關注的。我不知道世界上有沒有神蹟，至少我就未曾經歷過。可是，由民眾的角度看來，神蹟的出現也許比神本身更為重要。

因之，神與神的對決、神蹟的比拼等事在兩種宗教相遇時經常發生，而且比拼結果亦常常主導了宗教傳播的興衰。例如，在《聖經》的〈出埃及記〉中，法老為了顯示自己宗教比較優越，召來了博士和術士跟摩西和亞倫進行鬥法。

> 耶和華曉諭摩西、亞倫說：「法老若對你們說：『你們行件奇事吧！』你就吩咐亞倫說：『把杖丟在法老面前，使杖變作蛇。』」摩西、亞倫進去見法老，就照耶和華所吩咐的行。亞倫把杖丟在法老和臣僕面前，杖就變作蛇。於是法老召了博士和術士來；他們是埃及行法術的，也用邪術照樣而行。他們各人丟下自己的杖，杖就變作蛇；但亞倫的杖吞了他們的杖。

〈出埃及記〉第七章

1974 香港最恐怖的辦公室

　　這類事件不只出現在西方宗教上，就連我們中國也有發生過。譬如，在佛教剛剛傳入中國時，道教盛行。試問利益既得者哪肯跟新來的分一杯羹？於是，就上演了一場佛道鬥法的劇目。

　　故事來自《廣弘明集》的〈卷一〉：那是東漢明帝劉莊的年代，在永平年間，褚善信與六百餘名道教弟子上表明帝，要求一試佛道兩教之高下。明帝聚集眾人於壇前，以火燒二教之經典。道教典籍盡化為灰燼，而佛經卻絲毫無損。最後，見聞者泰半受感化而出家為僧。「司空陽城侯劉峻與諸官人士庶等千餘人出家，四嶽諸山道士呂惠通等六百二十人出家，陰夫人王婕妤等與諸宮人婦女二百三十人出家。」城內城外結果一共需建十寺才能容納這麼多出家人。

　　筆者曾經聽過師父法忍法師講過，在上世紀約 60 至 70 年代，香港發生了三件轟動全港的靈異事件，令佛教在港人心目中的地位提升了不少。第一件事是在馬場超度馬棚大火事件的死者；第二件事是在美利大廈超度冤魂；第三件事是制水期間求雨成功。當中以美利大廈超度冤魂事件尤甚。

　　試想一想。在英國殖民地管治時期，政府首先找來了西方宗教的代表 —— 神父和牧師來驅鬼，結果未如理想。找來了佛教僧人以後，就連政府的外國人官員都願意在僧人的帶領下，跪下來參拜並誠心上香……一切都經由報章報道而廣傳。更重要的是，只有在佛教僧人超度後，美利大廈的鬧鬼事件才告一段落。那是何等的威風！（詳細可參考《B頻道‧悟樂凡塵》第 154 至 156 集，〈香港佛教的奇談〉）

　　如上所說，普羅大眾信仰宗教的心理強調神祇的靈驗性，故此我們不難理解，香港的佛教何以經過那三大靈異事件後，在民眾心中的地位大幅地提升了。

1974 香港最恐怖的辦公室

【影片】香港最恐怖的
辦公室

1978
屯門公路工程
斬龍頭

潘啟聰
● ● ●

意外頻仍的屯門公路

曾經有段時間，因為要上班的緣故，我每星期都有一兩天要到屯門教書。屯門公路就是我出入屯門的必經之路。如果讀者你家住香港，你就一定知道以下謎語的答案：「甚麼車是世界上最長的？」答案不是貨櫃車、火車、子彈列車⋯⋯而是「塞車」！屯門公路就是香港其中一條經常都會塞車的道路。交通意外在這公路上可謂屢見不鮮。筆者撰寫此章時為 2019 年 4 月初，我就隨意地查看了屯門公路上一個月發生的交通意外，就有以下這些了：

日期	事件
2019-03-07	私家車自炒阻路　屯公往屯門嚴重擠塞
2019-03-10	私家車屯門公路掃水馬「反肚」　44 歲司機酒駕被捕
2019-03-13	屯門公路三車相撞兩司機頸傷　輕貨車尾被撞至凹陷
2019-03-14	屯門公路私家車撞壆自炒　繁忙時間現激長車龍
2019-03-15	屯門公路私家車失控停路中　四人逃去
2019-03-16	屯公貨櫃車自炒「摺7」　往九龍三線一度全封
2019-03-19	屯門公路五車串燒　兩條行車線封閉
2019-03-22	私家車疑收掣不及相撞　司機無牌駕駛被捕
2019-03-25	屯門公路三車撞　貨車翻側封三線大塞車
2019-03-26	P 牌仔屯公追車　失控撞的士
2019-03-28	發生四車相撞意外　兩人受傷

炒車因有鬼？

屯門公路意外頻生，有人歸咎於鬼的身上，以至公路成為了鬼故事的溫床。如果讀者 Google 一下「屯門公路」和「意外」兩個關鍵字，第三個搜尋結果已經是「靈異奇案（第 8 集：猛鬼公路—屯門公路）」的文章了（見後頁）。

在網路上，各位讀者不時可以見到不同的屯門公路鬼故事。當中包括：巴士司機看見巴士上層全是白衣人；的士司機撞到人後，發現傷者竟為紙紮公仔；警方雷射槍拍下超速快車的相片，照片中竟然是已於個多月前失事的車輛；有車輛駛經屯門公路時被紙紮車追趕⋯⋯更有傳使用屯門公路的不明文規定，就是晚間凌晨時分在公路上盡量不要下車。若下了車，司機則不應該再駕駛，要由同行朋友代駕並立即駛離公路，到達目的地後於落車前要掌摑司機兩下！（筆者按：感覺不可信，總覺得是哪個仇恨朋友有靚車之人想出來的⋯⋯）

如果這些傳說都不能滿足你的胃口，那麼來自警方的、曾刊登於報章港聞版的公路靈異照夠刺激了嗎？網路上如果你搜查「鬼快相」的話，你就會見到以下報道。據悉在 1993 年 12 月，有交通警員在路上執勤影快相。期間，目睹一輛私家車高速行駛，故照常例按下快門。誰知快相沖晒出來後，警員大為震驚。照片右方清楚地看到一位婆婆正站在影快相機前，五官和面部輪廓清晰可見。問題是哪會有老人家在深

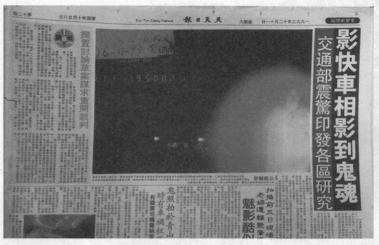

《天天日報》1993 年 12 月有關公路靈異照「鬼快相」的兩則報道

夜裏在公路上行走？再者，警員拍照時肯定沒有人在公路之上、在鏡頭前面。事後有傳，該地點之前曾發生嚴重交通意外，相中人正是其中一位死者。網路上有人指這靈異事件發生在屯門公路上，但實際是發生在青山公路的沙倉段；或者，因為沙倉段就在屯門公路旁平排而建，故此令人產生了誤解。不過，話說回來，也是在屯門公路的附近⋯⋯

其實，屯門公路到底發生了甚麼事？為甚麼屯門公路會被冠以「猛鬼公路」之名，並以「三多」（車禍多、死者多、連環相撞多）聞名呢？有傳建設屯門公路時，工程破壞了當地風水，以至多年來意外頻生。可是，到底風水出了甚麼問題，坊間又甚少提及。以下將會為大家揭露背後傳說。

屯門公路工程斬龍頭

人人說屯門公路風水差、說屯門公路破壞風水，到底它破壞了哪處的風水？它令風水如何變差呢？有傳屯門公路工程破壞了深井與小欖一段的風水——更準確地說是破壞了青龍頭的風水。

曾有風水師指出新界荃灣至屯門一帶有一條龍脈，龍脈起自大帽山西南山腳，經青龍頭而直通至大欖涌。可惜，屯門公路的修建有不少墾鑿、築路、護坡等工程，令地貌大變。原有沿途的小山坡可助匯聚和保護龍氣，但是工程大幅度的動土削坡，補上混凝土護土牆令佈局改變。土崩使龍氣退洩；護土牆令龍氣凝聚力大減。尤其甚者，青龍頭位置的工程大斷出脈之處，猶如斬斷「龍頭」。龍身斷，龍氣洩，帶來的不只是福氣的減退，青龍氣脈不貫，更往往帶來煞氣，招致災害；亦有一說指龍脈的存在不只招來好福氣而已，更是有鎮壓妖魔鬼怪之效，負起鎮壓災害的青龍死去，妖魔鬼怪自然四出作祟。

這就是屯門公路之所以成為「猛鬼公路」之都市傳說。

中西妖魔大不同

上一則都市傳說提到了「妖魔鬼怪」。這四個大字我們都懂得。可是，我們是習以為常的使用，還是真的知道這些名詞的意思呢？這一節就讓我們來談談「妖魔鬼怪」。

我近年很喜歡一句格言：「Life is too short to be normal, stay weird」。因此，我很喜歡把事件從相反的角度去思考。近來，當我教宗教課的時候，我就想：「又要教上帝甚麼甚麼的、神之子甚麼甚麼的。學生不嫌煩，我也說膩了。不如由上帝的『對家』入手，不是一樣可以介紹那宗教的世界觀、價值觀、倫理標準嗎？」如是者，我把《撒旦聖經》、《地獄辭典》、《所羅門的小鑰匙》等書都翻了一遍。結果，學生的反應也不錯，因為他們都覺得異常新奇。

當比較中西方的宗教世界觀時，我就問學生：「按照中國的宗教世界觀，我們有沒有一些恆常地存在、常常伺機搗亂人間，且具大能的妖魔？」有學生搶着回答：「有！閻王、牛頭和馬面。」我笑道：「你小心人家今晚就要找你澄清。如果害人的妖魔可比喻為犯人，祂們則可比政府的官員。你別將好人當賊辦！」學生想了很久都想不到。我就藉此教他們宗教的世界觀往往與價值觀和倫理標準等掛鈎。有一種說法指出，西方基督宗教由於強調神是惟一的，而且全知全善全能；那麼世上的壞事——尤其是當好人遇上壞事，總要找個說法，於是恆常搗亂且亦具大能力的魔鬼就成為了合理的解釋。然而，在中國裏，由於世界觀並不一樣，你是難以找到能與西方撒旦匹敵的「妖魔鬼怪」，而恆常存在的惡魔亦是不存在的。

在中西方的宗教世界觀裏，雖天道同樣是善的，可是運

作的模式卻不一樣。在西方的宗教裏，天道是按神的心意運
作的。因此，神與魔鬼、神與人如何立約，又或者如何及何
時賞善罰惡，全憑神的心意。所以，在《聖經》的〈約伯記〉
裏，你可以見到神與魔鬼借義人約伯作打賭：

> 耶和華問撒但說：「你曾用心察看我的僕人約伯沒
> 有？地上再沒有人像他完全正直，敬畏神，遠離惡事。」
> 撒但回答耶和華說：「約伯敬畏神，豈是無故呢？你豈不
> 是四面圈上籬笆圍護他和他的家，並他一切所有的嗎？
> 他手所做的都蒙你賜福；他的家產也在地上增多。你且
> 伸手毀他一切所有的；他必當面棄掉你。」耶和華對撒
> 但說：「凡他所有的都在你手中；只是不可伸手加害於
> 他。」於是撒但從耶和華面前退去。

〈約伯記〉第一章

而在《聖經》裏亦寫明，在末日之前，上帝是容許魔鬼
存在的：

> 我又看見一位天使從天降下、手裏拿着無底坑的
> 鑰匙、和一條大鍊子。他捉住那龍、就是古蛇、又叫魔
> 鬼、也叫撒但、把他捆綁一千年、扔在無底坑裏、將無
> 底坑關閉、用印封上、使他不得再迷惑列國、等到那
> 一千年完了．以後必須暫時釋放他。

〈啟示錄〉第二十章

因之，在西方的宗教世界觀裏，由於上帝的准許，具大
能的魔鬼便能恆常地存在，且常常伺機搞亂人間。可是，中

國的宗教世界觀並不一樣。在中國的宗教世界觀，天道的運作是沒有意識的，它更像是一種定律。正如地球因有地心吸力，而物件就要向下掉一樣。天道是善，所以善有善果，惡有惡報亦是自然而無任何力量能夠改變的。故此，在中國人心目中，能避過天道的賞善罰惡，恆常存世而搗亂人間的「妖魔鬼怪」自然亦不存在；反過來説，因為勤修善因，努力配合天道而最終「跳出三界外，不在五行中」、免去死亡的仙人卻大有人在呢！

下一次，如果你再途經屯門公路時，不用再怕甚「妖魔鬼怪」了。像尤達大師祝福你一句：May the 天道 be with you！

1980s
動不得的
「屯門麒麟石」

施志明

萬物有靈

「萬物有靈」是在華人民間信仰的重要觀念。花草樹木也好，奇山異石也好，凡年代久遠之物，受人膜拜，便擁有法力。筆者小時住在屯門，而屯門青山怪石嶙峋，往往耳聞不少靈異怪事。其中，位處屯門三聖邨麒麟崗公園的麒麟石，也算是最恐怖的一樁。小時候，看着這塊高約三米許、闊約兩米多的巨石，朋友總是説：「不要碰它，碰到會受詛咒。」「怎麼？不過是石頭吧。」「是鼠精來的，會使人病，會死人的。」「哪裏聽來？」「有個朋友的叔叔，就是碰上它，便中了詛咒，生了大病，沒三天就死了。」小時膽小，自是避之則吉。當然，人愈大，聽到的傳説愈多，便會發現這塊巨石流傳着不同版本的傳説。

說在不同傳說版本之前

說麒麟石傳説之前，必先要説屯門區發展。沒有屯門區發展，這傳説應該傳不出來。上世紀 70 年代，政府落實開發屯門新市鎮，大興土木，亦將原來屯門區的海岸線向外拓展，北部屯門的河道一直向南伸延至青山灣，以及蝴蝶灣一帶。1980 年，青山灣避風塘海面新填地內，公屋三聖邨落成入伙，其對開海面為臨時避風塘。傳説中的主角麒麟石，所處的位置，就是填海之前，海岸線的所在。

1980s 動不得的「屯門麒麟石」

屯門三聖廟現況

傳說來了

版本一（普通版）：

在青山灣填海興建三聖邨，並同時擴建青山公路，因此該區海邊一帶的石塊，都需要進行清理。初期，一切工程都頗為順利，較細的石塊均被鑿去，而大的石頭，便以爆破方式逐步清除。然而，當將要爆破一塊巨石（即主角麒麟石）的前一天晚上，全部工人竟突然染上怪病，使得翌日工程被迫暫停。其後，每次計劃爆破工程前夕，負責爆破的工人均無故抱恙或染疾，或遇上不能解釋的意外。工程辦不了，工人們害怕起來了。有人認為是觸怒靈石，不敢再開工，承建商亦只能放棄工程。由於該巨石所處的地方，正是在擴建的青山公路圖則之內，妨礙了青山公路重建，當局認為非清除不可，便再次招標進行爆石工程，並由另一間建築公司投得。然而，怪事竟然再次發生，當第一次進行爆破之後，該石竟分毫無損，而工人更發現，有紅色液體由石隙之中流出，場面極為驚嚇。怪事連連，惹得坊眾均議論紛紛，他們認為此石具有靈氣，是麒麟崗鎮山之石，凝聚了麒麟崗的日月精華，並且，被在青山灣對着的玉鼠島（老鼠洲）上的鼠精所依附，所以能庇佑該地居民。因此，街坊組織便要求和當局對話，研究修改公路圖則，保留該石。

最後，坊眾請了三聖廟的主持和當局斡旋，而政府亦順應民意，停止爆破該石的工程，又研究修改道路圖則。該段擴建的青山公路最終繞過該巨石而行，巨石亦保留作為地界，成為青山灣歷史的地標。當時的新界民政署署長彭德（K.M.A. Barnnet）在該處立碑為紀。

1980s 動不得的「屯門麒麟石」

版本二（威力加強版）：

故事主體與版本一類同，但加入了洋人主事者的看法，因遇及其兒子遭逢不幸。補述如下：

當時新界民政署的一位外籍高官認為此乃無稽之談，堅持要將大石炸毀，並勸喻工人復工。然而生死關頭，工人當然置之不理。於是，同行的高官兒子，即是這次工程的外籍工程師，再次籌備爆石工程前，卻突然於一宗交通意外中死於非命。自此，巨石顯靈之說，便流傳開去。

版本三（補充麒麟石的特性）：

三聖邨對出是青山灣，當年部分青山灣還未填海時，麒麟石正是在海邊。即是說，只要站在麒麟石旁，就是處於當年海邊，對開便是避風塘。其時，不僅只有麒麟石，還有無數大小亂石，伴隨左右，惟獨麒麟石的體積較巨，有鶴立雞群之勢。由於當年漁民捕魚，乘船出大海，自不免會遇上海上風浪、死生難料的時候，所以漁民會特別迷信，並開始對麒麟石進行拜祭，將它視之為泰山石敢當般看待，及後更為它起了「麒麟石」這個名字。

版本四（補充麒麟石的特性之加強版）：

根據周樹佳先生的說法，在屯門三聖廟山下岸邊的這塊巨石，就常常被當地漁民用來做「寄石」儀式。以前香港修煉神打風氣極盛，漁民也不例外。修習神打的漁民，有一個「寄石」的儀式，將自己部分靈魂寄存在近岸的巨石裏，其用意是希望在海上遇上凶險時，得到穩固的巨石庇護，保佑自己的海上作業平安。

進入真假難辨的世界

時至今日，麒麟石座落之處闢為麒麟崗公園，該石成為海岸線的重要標記。石旁有碑記云：「屯門三聖墟村未填海前，其岸線原以此石為界，謹泐貞珉以追憶舊日漁村，並象徵新市建

《華僑日報》1984 年 9 月 10 日的報道

設。一九八一年立」。（見上圖《華僑日報》1984 年 9 月 10 日報道）另外，一旁亦有介紹牌，交代「三聖墟沿革」，文中不忘提及「填海之前，岸綫所在，以此石為界」。當然，兩者只是提到了此石為界石。實體巨石「功能」，反倒呈現在傳說版本三、四之中：

功能之一：有說是藏魂寄石

說是版本四「寄石」，頗貼近民間信俗的想法。這類「寄石」之說，在香港各處民間信俗中，亦屢見不鮮。如坪洲金靈壇石爺崇信，也是來自於「藏魂寄石」之說；而大體「藏魂寄石」儀式，則來自於茅山道術，當中功能是以「石」做替身，開光後的石，稱之為「靈石」。當藏魂者（或學此門道術子弟）意外受到傷害，則會轉介傷害在「靈石」上。或者，可以說「靈石」就如守護神一樣，急降扶持，保存修煉者的肉身。

1980s 動不得的「屯門麒麟石」

功能之二：有說是石敢當

若果，說是石敢當，就不如說一下石敢當原有特質。石敢當的出現，大多是因為有鬼魅作祟，或者是堪輿師認為形勢上對居民不利，於是藉此抵當煞氣。如果說到有關石敢當的早期記載，可見於西漢史游的《急就章》；而唐宋以來，應已盛行以此種方法，可鎮百鬼、壓災殃。又根據田野考察所得，在建築物牆隅或街衢小巷直沖的地方，便會立置一石。在實際功用上，可以阻當衝擊影響建築結構。所以，「石敢當」三字，從字義講，即石可以當其衝（擊）。至於，及後所見冠以「泰山」二字，是由於泰山為「五嶽之首」，在秦漢時代曾被視為上封登天、可求長生的神山；又有泰山治鬼之說，民間認為泰山具有巨大鎮壓鬼魅的力量，因而將兩者合成「泰山石敢當」。

但是，麒麟石不見有石敢當字刻。位處海邊，是海岸線的標記，說是「防止衝擊」，避免建築物受影響，似乎解釋不通。

另外，有人誤以為「麒麟石」在三聖廟旁，即可抵禦海上邪妖攻擊廟宇，然而這說法也有些距離。筆者指的是地理上，三聖廟在附近的小山崗上，與山下麒麟石有些距離。不過，藉此不妨說明一下麒麟石命名的由來。由於三聖廟（始建於1914年，至1921年建成）當年覓地建廟之時，發現臨近有石洞，

麒麟石旁於 1981 年立的碑記，以誌新市鎮的建設工程。

麒麟崗公園牌樓

公園內有「三聖墟沿革」的介紹牌

1980s 動不得的「屯門麒麟石」

洞中有麒麟像一尊，因此稱為「麒麟洞」；而附近小山崗稱為「麒麟崗」，那山下巨石成為地標石，自然亦稱之「麒麟石」。

出現在不同社區的廟前巨物

人大了，四處走，便會發現廟前巨物並不是罕見。

例子一：筲箕灣亞公岩譚公廟。位處海邊，廟前有一巨石，傳說是譚公的寶印，已於該處達百年。有說未填海前，這塊大石原在海岸邊，體積巨大，外形如古代官印。時至今日，填海後的巨石只剩少許，但仍有知曉其來歷的善信裝香供奉。此外，兩旁有風水樹，稱「麒麟頭」和「麒麟尾」。有傳說指曾經有人打算移開巨石，以擴闊路面，但工人動工之際，便發生意外及肚痛，於是人們視巨石為有靈，當局也打消了擴闊路面的計劃。想一想，這說法似曾相識，是人們將屯門麒麟石的傳說混淆了？還是不同地方，都出現巨石顯靈呢？不知道。但現在沒有人敢動「祂」了。

例子二：鴨脷洲洪聖古廟。廟前有兩條巨大龍柱，稱「定海神針」，用處是化解對面虎地的煞氣。港英政府年代，當局曾經打算移去廟前兩條巨柱，發展該處官地，但廟祝說明原委後，當局重申地權，批准其暫用官地，只須交地租了事。時至今日，即使龍柱毀於風災，廟方仍重新鑄作，放置廟前。地，還是廟宇的可用空間。

這裏，雖然考證不了傳說真偽，但這些廟前巨物的實際意義，是確立廟宇可用空間及範圍。試問，又有誰敢向神靈動土？當然，不是動不了，但請另安排好山、好水、好地方。

今日走上三聖廟的路途上，仍有留下「麒麟洞」的名稱。

1980s

秀茂坪山泥傾瀉
與傳說

施志明

秀茂坪？掃墓坪？

以前聽人說過秀茂坪是墳場，因為每年有不少人去掃墓，所以叫「掃墓坪」。年少無知，又覺得人們說得頭頭是道，便沒有多說半句。但人大了，懂得查一查資料再說，嘗試找地名的由來。

喜歡讀香港史的讀者，或者會看過《新界九約竹枝詞》，詞中提及「春遊忽到『蘇茅坪』，睇見牛頭角又生」。詞中「蘇茅坪」，才是秀茂坪的原名。「蘇茅」是指一帶種滿「蘇茅」草，「坪」為廣闊而稍高的平原地，亦有說是「蘇茅萍」（「萍」為一類水中植物），而秀茂坪大聖廟旁，本來有「蘇茂坪村」。所以，早年稱「蘇茅坪」應沒多大異議。

至於「蘇茂坪」成為「掃墓坪」，大多推斷為英國人將地名翻譯為「So Mau Ping」，而粵語與「掃墓坪」讀音相似造成。另一方面，地理上鄰近順利邨所在地，而過去曾是九龍七號墳場以及日佔時期的萬人塚，因此「意義」上便扣上「掃墓」，繼而有「掃墓坪」之名。

「秀茂坪」的出現較遲，是「蘇茅坪」雅化後的名稱。

徙置、安置與山泥傾瀉

說到這裏，秀茂坪的傳說，筆者也得從觀塘徙置區、安置區說起。

二次大戰後，又爆發國共內戰，使得大量中國內地人士遷入香港。自 1960 年代始，政府有鑑於官地上的非法木屋日增，於是決定設置「徙置區」、「安置區」。大體上，「徙置區」（徙置大廈，最出名為「雞寮徙置區」）為核心，向外延伸再有「安置區」（臨時房屋區之前身，多為木屋）。安置區有限定面積與搭建物料，並由徙置事務署管理，居民平均居住三

117

雞寮安置區大慘劇現場

《大公報》1972年6月19日的報道

至五年，便可獲徙置。位處翠屏道觀塘新區北面，曉光街西南山坡下方之「秀茂坪安置區」，亦為其中之一。

1972 年 6 月 16 日，安置區內最接近西北面建築地盤（即今觀塘瑪利諾書院建築地盤）的木屋居民發現屋前堆滿了豪雨沖刷下來的泥土，因感不便及不安而報警求助。警方雖飭令地盤須確保泥土不再下瀉，惟成效不彰，山泥下瀉情況至 6 月 17 日反趨惡化，仍影響安置區及居民安全。

6 月 18 日下午一時十分，曉光街與秀麗街交界的一段基堤崩塌，像「一塊地氈」般瀉下徙置區。瀉下的山泥埋沒大部分安置區木屋，部分木屋甚至被沖過翠屏道，推至觀塘新區。山泥傾瀉亦令附近一輛運載火水的貨車漏出火水，而發生爆炸並焚燒。最終，釀成 71 死 52 傷的災難。

依據《一九七二年雨災調查委員會中期報告書》的調查委員會認為，災難的主要成因，是因為 6 月 16 日至 18 日連日豪雨，雨水由填塞山谷而建成的基堤的斜面滲入，使基堤建築物料軟化，引致山泥傾瀉。[1]

兩處死傷失蹤活埋人數均數以百計

牛山四幢樓房「倒骨牌式」坍塌

觀塘雞寮遇山崩埋屋八十間

連日滂沱大雨下 港九連續出現大慘劇 詳情見四五版

《大公報》1972 年 6 月 19 日有關山泥傾瀉事件的報道

---

1 調查報告中，工務司署九龍路政部總工程師方鎮南稱：「基堤崩瀉是因大雨期間過長，以及後期雨勢過大而引致的。這些雨水使土壤裏的水份增加，土壤的強度因而減低，結果引致基堤面崩瀉」。《一九七二年雨災調查委員會中期報告書》（香港：香港政府印務局，1972 年），頁 6-8。

傳說在六一八雨災之後

慘劇發生後，該處不時傳出鬧鬼。其中以下兩個版本流傳最多。

版本一：

有說女教師在雨中看見一對母子，母親跪下為孩子擦臉，教師想上前幫忙為這對母子開傘擋雨，走近一看，竟見那對母子眼耳口鼻不斷流出泥沙。

版本二：

附近居民稱晚上不時看到一團團白影，並且是飄浮在事發地點。有時還見到滿身泥濘的人影，在街上迅速走過，亦不時聽到淒厲的哭泣聲。

意外再次出現，傳說之後再有傳說

很不幸，此後十數年間，秀茂坪此地兩度發生山泥傾瀉意外。

首先，在 1976 年 8 月 25 日，秀茂坪再次發生山泥傾瀉。事發時，秀茂坪第九座及十五座背後山坡（距離四年前山泥傾瀉位置二百米外）因多天大雨，發生山泥傾瀉。這次罹難的有 18 人，受傷的有 24 人。

其後，又於 1982 年 5 月 29 日，因一場暴雨引發山泥傾瀉，藍田、調景嶺、翠屏道等地的 16 名男女被奪去性命。經過多次意外後，政府致力維修全港斜坡，意外大幅度減少。

傳說版本如下：

在「六一八雨災」四年後的盂蘭節，秀茂坪上邨特設祭壇超渡亡魂，但一陣陰風吹倒祭壇上所有物品，甚至神像也被吹倒在地上。負責超渡的法師，亦差些被陰風吹倒。於是，法師預言該處將會有大災難再度發生，囑居民多燒衣紙，希望能化解災劫。

如是者，上文提及的 1976 年 8 月 25 日，秀茂坪再次發生山泥傾瀉。消防員到場搶救，不時聽到小童叫聲，但將全部泥土掘出後，卻並無發現，於是到附近商舖買些糖果，灑在呼救聲處，叫聲便停止了。

慘劇發生後，有人説行經秀茂坪下邨第九座公廁時，會聽到有人叫救命，或是「媽媽救我」的呼喊。

另外，有人説附近建了「地藏王古廟」，是用來祭祀兩宗慘劇的亡魂。

傳說產生與災難現場

秀茂坪鬧鬼傳說的構成，可以説基於「災難現場」的元素：災難有死傷者，最終化成冤魂，纏繞附近居民。但是，人們説的「山泥埋冤魂」（六一八雨災）嘛，總該尋找一下災難位置才是。

當年，受災範圍是「翠屏道」及至「觀塘新區」，即「秀茂坪安置區」原址，其後已改建為「秀茂坪紀念公園」。所以，早期傳聞鬧鬼的「理想地方」，就距離或方便程度而言，應在秀茂坪紀念公園、觀塘瑪利諾書院，或者翠屏北邨發生。

至於 1976 年的秀茂坪山泥傾瀉，災區秀茂坪下邨九座對面山坡與「六一八雨災」事發地點相距二百米外，在傳說中的消防員前重現四年前冤魂意象背後，反而教人不得不懷疑四

年前成立專門監管斜坡的部門，未有汲取嚴重塌泥的教訓，未能鞏固秀茂坪一帶的山坡。基於上述種種原因，導致相鄰地點再次發生意外。

焦點再轉移到鄰近的秀茂坪「地藏王古廟」。建廟時間，推斷最遲在 1963 至 1964 年出現，與翠屏道上、近觀塘道的一所名為「大王爺古廟」同期。地藏王是鬼王，管理地獄，是

六一八雨災安置區
市局將建紀念公園

[本報訊]「觀塘居民將於朋咀眺啦得一個新休憩之所，而去年雨災之受難者亦可得到安息」，公民協會觀塘新區委員會主席朱祥號宣佈「六一八」雨災之安置區將興建為紀念公園時，作上述表示。

該紀念公園之將由市政事務署委員管理。他透露於委員會務力之下，該區之「交通」及社區事務等福利事務亦將獲得改善。

朱氏於廿八日舉行之常會中表示：該會正盡力為居民爭取各項福利事務，如爭取方便居民，九巴公司的十三號B巴士經於七月十六日改道入翠屏道，直達觀塘碼頭，與徙置大厦的衛生設施的改善等等，均在該會努力之下促成道，成。

於綜合各委員及居民所提出之建議事項時，朱氏擬解剖有關當局日間開放該區第三、四及五座近山勞之三株石級，以疏通交通孔道。第二項建議為翠屏道左面即第一座起之路勞，裝設紅綠燈和劃定斑馬線，以減交通意外，及將翠屏道的內明渠改為暗渠，擴內馬路，以疏交通之搞珀，

《工商晚報》1973 年 7 月 30 日的報道

鶴佬族群帶來的信仰。[2] 1972 年發生「六一八雨災」，這山坡上木屋全部倒塌，惟獨這所小廟未受到影響，因而更顯其靈效。故此，是先有廟，事故發生在後。後來，該廟內確實有紀念碑祭祀受難者，上書「公元一九七二年歲次壬子五月初八日　崩山罹難災胞紀念碑」。但廟宇重心仍是祭祀地藏王，先後有序嘛。

綜觀而言，我們可以看到傳說隨着「災難」不斷演化，一環扣一環的發展下去。這些傳說，可能真的冤魂不散，也可能覆蓋了事情真相。但傳說留痕，事故發生後產生的傳

2　其祖廟在惠州西來岩。在 1947 年，陳姓梅隴人在海豐梅隴村地藏王廟求得一符，他將符繫於廟中所取之一枝香枝，並將香枝插於草帽上，這稱為「香火掛身」，後起程偷渡來港。陳某成功偷渡來港後，他在官塘翠屏道附近開舖做生意，由於深感得地藏王保祐才能成功偷渡來港，於是在附近山坡上搭建簡陋的小廟，供奉地藏王，以酬謝神恩。詳見馬木池，張瑞威：〈新舊廟宇：香港官塘地藏王廟酬神考察報告〉，載《華南研究資料中心通訊》（香港：香港科技大學華南研究資料中心），第 10 期（1998 年 1 月 15 日），頁 108。

説，孰真孰假，今天也難下判斷。然而，傳説可以成為「警世鐘」，提醒世人災難慘劇背後，極需解決的社會民生問題。

地藏王廟前花牌

（＊想了解更多本節內容，可參考【港古佬】:「秀茂坪山崩惹鬼母子七孔流泥傳聞」影片。）

紀念碑

地藏王古廟有關祭奠六一八雨災受難者的儀式
通告

傳說再度延伸：金茂坪戲院

金茂坪戲院現狀（香港傳媒提供）

　　金茂坪戲院，臨近曉麗苑，荒廢超過二十年，至今無人理會。同樣，坊間傳出這裏是日軍行刑地，亦曾經經歷過山泥傾瀉，以及發生大火。於是，有傳聞說這裏曾發生過怪事，網上亦流言四起，有說戲院早在 1960 年代已建成，連報章也攪亂了。[3] 整理下來的傳說簡述如下：

傳說一：　話說有一對母子去看戲，媽媽走進戲院，見內裏空空如也，但兒子卻看見「全院滿座」。

傳說二：　每逢深夜，戲院內傳出孩童嬉戲笑聲等。

傳說三：　戲院曾多次有發展商想動工遷拆，卻「邪門」地相繼遇到意外，因而有人形容「拆不得的戲院」。

3　〈金茂坪舊址標售嗌兩億〉，《東方日報》，2013 年 8 月 9 日報道。

以上三個的傳說，筆者無法證真證偽。但上文流言，卻可更正一二。

金茂坪戲院在 1978 年 10 月 19 日開幕，由邵氏旗下紅星白彪和潘冰嬈等人剪綵（見下圖），為當年秀茂坪徙置邨居民提供電影娛樂，成為典型的街坊戲院；1980 年代戲院內桌球室開幕。

《華僑日報》1978 年 10 月 20 日有關戲院剪綵的報道

查 1980 至 1990 年代，未見有大火紀錄，僅有賊人行劫報道（見下圖）。

《華僑日報》1982 年 3 月 8 日的有關戲院被劫報道

報道中可見戲院有七八成觀眾，而且能吸引匪賊潛入帳房，可見這段時期的戲院，收益不差。只是，隨着 1990 年代秀茂坪邨重建，戲院因交通不便、地點欠佳、經營不善而結

業。由於戲院大樓業權為華懋集團持有，便一直空置，未有翻新再使用。至於秀茂坪的山泥傾瀉，肇事地點還是與戲院有些距離。至於是日軍刑場，還是沒有證據。

故此，金茂坪戲院猛鬼嗎？荒置之地，你想說多猛，就有多猛。

（＊想了解更多本節內容，可參考【港古佬】：「直擊荒廢20多年猛鬼戲院　金茂坪點解「拆不得」？」影片。）

1980s

死去媽媽不捨
孤女

潘啟聰

千篇一律的鬼故事

　　我一直是恐怖電影的粉絲，一有空就會看恐怖電影。可是，由於太太膽子小，我婚後就很少看了。小時候，她連恐怖電影的廣告也受不了。我還記得她看過《午夜凶鈴》的廣告後，一直在告訴我她是怎樣被嚇倒呢！我有好些朋友，只要老婆不在家，他們就約這個約那個去吃飯去喝酒，如甩繩馬騮一樣。我恰恰相反。哪天老婆不在家時，我一定立即趕回家中去看恐怖電影。不過，孩子出世後，我就連這僅餘的娛樂都沒有了。孩子是一定常常待在家中的，而你又不敢在她們面前播恐怖電影，怕嚇壞她們。就算她們不怕，以小孩的心性，她們一定會一邊看一邊問，而你總是難以向她們解釋電影內發生的情節。假設有一幕，妖怪把人的脖子劃破了而鮮血直冒，你總不能夠對孩子說：「這是一部具有教育意味的電影。剛才一幕就是要教人不要貪心！那叔叔就是貪心，茄汁喝得太多了，連吐出來也趕不及，就在脖子湧出來了！」自小孩出世以後，我就轉移陣地，往聲音和紙本的世界走。在撰寫課堂筆記時，我多半會一邊聽着電台的鬼故事節目；閒暇閱讀時，我有段時間幾乎手上一定是伊藤潤二的漫畫書；到了博士畢業後，以「不要干預學術自由」為盾牌，我以研究素材為名買了一大堆恐怖小說。當然，我又確實在投稿論文、學術會議、研討會等場合上發表過有關鬼故事的學術研究。

　　課上，有學生對我的研究十分好奇，問我：「阿sir！你覺得有鬼嗎？鬼故事也能被研究嗎？」我反過來問他，說：「你至今聽了這麼多鬼故事，難道你還不覺得箇中的寫作像是有方程式的嗎？」我繼續問：「以下我講一個故事，你告訴我你的反應：你晚上一個人在空無一人的學校裏。上廁所時，聽到有高跟鞋發出的『咯咯』聲。從門下的隙縫望出去，你看見一雙紅色的高跟鞋在你廁格的正前方。你心中一寒，但心想

不願困在此間。你鼓起勇氣推門出去，門前卻甚麼都沒有。可是，你行去洗手盤時，卻見到一名穿紅色小鳳仙裝的長髮女士，慢慢地把她的頭拿下來。在鏡子前仔細地梳理自己的長髮。她突然注意到你，用凶狠的眼神瞪着你。你嚇得跌坐在地上，她用充滿怨恨的聲線問你：『你很怕我嗎？』」學生回答：「是蠻恐怖的。」我接着說：「如果我改為這樣呢？你晚上一個人在空無一人的學校裏。上廁所時，聽到有球鞋發出的『啪啪』聲。從門下的隙縫望出去，你看見一雙白色的球鞋在你廁格的正前方。你心中一寒，但心想不願困在此間。你鼓起勇氣推門出去，門前卻甚麼都沒有。可是，你行去洗手盤時，卻見到一名穿 Hip hop 裝的短髮女士，慢慢地把她的頭拿下來。在鏡子前仔細地 gel 自己的短髮。她突然注意到你，用溫柔的眼神瞪着你。你嚇得跌坐在地上，她用充滿歉意的聲線問你：『你很怕我嗎？』」學生回答：「那蠻好笑的！」我說：「你看！鬼故事當然可以被研究！難道沒有世上就未曾有過愛穿 Hip hop 裝且善良溫柔的短髮女士死去？（如果有鬼）難道你真的沒有可能遇上那種鬼魂？鬼故事之所以令人感到驚慌，其實在於其敘事結構能否有效地勾連牽引到讀者的情緒，而不在於實際有沒有鬼呢！」如果讀者你都對我和學生之間的話題感興趣，你可以在下表中選出令你感恐怖的元素，如果你將來有需要作鬼故事，這表的選項或很有幫助的呢：

恐怖角色	恐怖角色出現地點	恐怖角色特徵	形容恐怖角色的詞語
亡靈	學校	古代服裝	衣衫襤褸
罪犯	公司	民初服飾	衣冠濟楚
喪屍	商場	清代服飾	充滿怨恨
吸血鬼	工廠	西洋服飾	善良溫柔
狼人	屋苑	休閒服裝	形如枯槁
妖怪	鄉村	隆重禮服	面容飽滿
魔鬼	商廈	民族特色	面目犁黑

過去的九龍寨城

今次要講的，是一個發生在九龍寨城的鬼故事，一個頗為溫情的鬼故事。在老一輩人的心目中，

九龍寨城未必是一個好地方。寨城內擁擠非常，一處只得六英畝半的地方就建了多幢十多層高的大廈。據區內的老街坊說，寨城裏雖有街道，可是站在街上看不見天空；即使家裏有窗，亦有可能被對面的樓房阻擋而打不開。有人戲稱它們叫「握手樓」，可見

樓宇間的密集程度驚人。寨城的治安更是不用說。由於寨城屬「三不管」的地帶，法例不容之行業你都幾乎可以在寨城裏見到。例如，色情場所、非法賭場、毒品交易、黑市醫生等可謂一應俱全。何謂「三不管」呢？這跟它的歷史背景有莫大關係。寨城原是宋代的邊防最前線。鴉片戰爭的時候，清政府仍有派官員到當中駐守。1898 年 6 月 9 日，英國逼清政府簽訂《展拓香港界址專條》租借新界。在《專條》中，清政府提出保留寨城治權的條件，因此當時仍有清兵在寨城中駐守。然而，到了 1899 年，情況開始轉變。在英國接收新界期間，面對新界居民極力反抗。英方報稱寨城裏的軍官未有幫助游說居民，協助其接收新界，因而驅趕清兵出寨城。清兵被驅逐後，英國曾嘗試接管九龍寨城未果。清廷滅亡以後，英方一直以「條約的簽訂是保留清廷的管轄權」為藉口而拒絕中國政府取回管轄權的要求。自此，寨城成為了一處「香港政府不敢管，英國政府不想管，中國政府不能管」的「三不管」地帶。以下講述的都市傳說正是發生在這個「三不管」的地帶裏。

死去媽媽不捨孤女

　　這個傳說的源頭就考查不到了，只知道網路上有很多人提及，網上電台有專題講述、電視節目《區區有鬼故》曾拍攝相關節目，以及東周網都有報道。

　　故事發生在 80 年代初期。某年初夏，有某地舖檔主投訴樓上其中一個單位傳出陣陣惡臭。然而，由於城寨環境本身就惡劣非常，內裏的空氣長期都有着異味，因此，檔主的投訴一直無人認真看待。直到八月時，臭味越發濃烈，更明顯是來自四樓某個單位。終於有附近住客忍受不住報警。警員到場鎖定某單位為臭味源頭後，便開始拍門，希望能入內調查。拍門良久，有一名年約六、七歲的小女孩開門。開門

之後，強烈的惡臭立時從屋內湧出。奇怪的是，惡臭之中竟隱隱夾雜飯香。警員問小女孩家中有沒有成年人。小女孩說媽媽在家裏，但媽媽身體不適，在煮飯給她和妹妹吃後隨即便入房休息。警員果然在廚房裏發現一鍋剛煲好的臘腸煲仔飯，而強烈的惡臭來自女孩母親的睡房。警員向內一望就見到小小的房間內躺着一具全身發黑、流出屍水的女性屍體。其中一名老差骨更肯定死者過世已有多月。錄取口供時，那對小姊妹堅稱近來媽媽每日都有做飯給她們吃。街坊亦指出他們從來沒有見過任何訪客或朋友探訪她們。

到底是誰人在照顧那對小姊妹？那天警員見到剛煲好的臘腸煲仔飯又是誰做的呢？至今仍是一個謎！

世界到底有無鬼？

很多都市傳說都與鬼怪靈異之事脫不了關係，相信很多讀者都對「世界到底有沒有鬼」很感興趣吧？筆者自己並沒有答案。我無見過，亦無膽見。不過，倒是可以介紹一本書給各位讀者，以滿足你們的好奇心。

有兩位美國的哲學家席克（Theodore Schick）和沃恩（Lewis Vaughn）合撰了一本名為《如何思考怪異的事物》（*How to Think About Weird Things*）的書。當中就有一節專門討論見鬼的經驗。席克和沃恩提出並檢視了現存有關見鬼經驗最常見的四個假設。

假設一：見鬼經驗是由無實體的靈體引起的。

假設二：見鬼經驗是來源自儲存在建築物石頭內的聲音和影像。

假設三：見鬼經驗乃睡眠癱瘓症的結果。

假設四：見鬼經驗乃環境因素與感官和大腦相互作用的結果。

你覺得哪個比較合理、哪個比較不合理呢？以下是席克和沃恩的分析[1]：

假設一是我們最常見的說法。人有靈魂，人死後靈魂便出來了。人有見鬼經驗就是因為見到離體的靈魂。這說法看似簡單，其實其中衍生了很多問題。例如，靈魂若存在，它有沒有腦袋、神經線和細胞呢？人類依賴大腦去思考、記憶和學習，若大腦受傷，我們的思考功能亦會受損；可是，靈魂照常理是沒有腦袋、神經線和細胞的，它又如何有任何思維和活動的呢？在人未死的時候，靈魂又是如何與身體作出互動的呢？

假設二的說法明顯不同於現存科學對石頭的結構和功能之了解。眾所周知，未有電子錄影之前，一般來說我們都是用磁帶進行錄影。再者，即使是使用磁帶錄影，我們也需要在機器的幫助下才可以做到。石頭一來明顯並不具備磁帶捲軸的特性，二來更不設有啟動磁帶的複雜機制。因此，假設二確實難以成立。

假設三的說法與我們對於睡眠的了解相符。根據現有的科學研究所得，我們的睡眠可分為若干階段。當中以「快速

1　Schick & Vaughn (2004) *How to think about weird things: critical thinking for a new age*, N.Y.: McGraw Hill, pp.323-331.

動眼期」(Rapid Eye Movement，REM) 階段發夢最多。有些時候，當人在快速動眼期時醒過來，他們或會產生幻覺，原因是產生夢境的生理功能仍然活躍。再者，我們身體有一個機制，在睡覺時我們的身體動不了，以免因夢境影響而動，令自己受傷。動不了的身體加上幻覺的產生就成了俗語所謂的「鬼壓床」。

假設四比較複雜。總而言之，席克和沃恩引用了不少科學研究成果，指出磁場的轉變以及置身超低音頻都有可能令人產生超自然的體驗，例如被外星人綁架、靈魂離體、宗教經驗等。

最後，世界到底有無鬼？讀者你到底相信哪一種說法？老套地說句：信不信由你！

（＊想了解更多本節內容，可參考【港古佬】：「清朝不可分割的一部分　九龍寨城的前世今生」影片。）

1983

屠房水牛變
牛郎神牛

潘啟聰
● ● ●

靈牛跪地求饒命

　　這是一個關於動物的都市傳說。1983 年，長少灣屠房內有一頭水牛，每當屠夫要拖牠去屠宰，牠便流下眼淚並跪地不肯前行。屠夫認為牠有靈性，便不忍心宰殺牠，把牠送往一所慈雲山的道觀內，而道觀的負責人亦願意收養牠。當時可謂一時之佳話。這頭重九百斤的大水牛真可謂「一登道觀，升價十倍」。道觀的負責人特意為牠設置新牛棚，又為牠「簪花掛紅」。道觀負責人在接受訪問時，更指道觀每個月要花四至五千元去照顧牠。牠不只獲專人照顧，連牠所吃的飼料亦須符合漁農署的規定。道觀會定期替牠找來獸醫，為牠安排身體檢查。雖然有其他慈善團體聯絡道觀表示想接手照顧水牛，但是道觀負責人希望水牛能在道觀內頤養天年，一一回絕慈善團體的好意。最後，水牛在慈雲閣一共住了 11 年之久。在 1994 年，水牛因年邁衰老而一病不起，以 28 歲之齡走完「寺中靈牛」的一生。慈雲閣不只請來法師為水牛誦經超渡，更為「靈牛」塑造雕像以作紀念。

屠房水牛變牛郎神牛

　　有趣的是，由慈雲閣中的石碑所示，此牛身世殊不簡單。在水牛歿後，玄妙的事情發生了。石碑指「靈牛」屢次託夢給多位善信。夢中「靈牛」向他們報稱自己乃是長伴牛郎織女的「神牛」。因此，慈雲閣才特聘工藝名師為其塑像，以資紀念。由屠房待宰的水牛，僥倖避過死劫而升格為寺中靈牛，於死後再創傳奇，搖身一變成為牛郎神牛。這頭大水牛的一生堪稱「前無古牛，後無來者」的傳說。

　　這頭大水牛確為牛界傳奇，然而謂其為「牛郎神牛」則

未必為真，這倒是要看看牛郎織女的故事內容。如果讀者們留意一下身邊有關牛郎織女的工藝品，牛是多半不在畫作之中。右圖是頤和園長廊上的彩繪，若翻查牛郎織女的故事，神牛並不長伴牛郎織女左右。故事指牛郎在機緣巧合之下，在山上發現了一頭老牛。好心的他見到老牛病了，便對之悉心照料。原來老牛是被打下凡間的金牛星。後來，牛郎遇上仙女織女。二人墜入愛河，更育有一對龍鳳胎。由於天規不容，織女被遣回天界。牛郎思念甚深。老牛於是告訴牛郎，待牠死後，牛郎可用牠的牛皮做成鞋子。那雙鞋子可使他騰雲駕霧，直上天宮。牛郎上到天界，眼看能與織女團聚。面前卻有王母娘娘銀簪所變的銀河阻擋去路。喜鵲被他們感動，願化作「鵲橋」讓他們相聚。王母娘娘亦因而動容，故定每年農曆七月初七為二人相會的日子。之後，每到七夕，牛郎都會用扁擔背着一對子女，到天上一家團聚。各位看倌！你們留意到嗎？神牛在牛郎織女的故事中，只是一名重要的配角。故事走到中段，牠已經「賣鹹鴨蛋」[1]離場了。如果按照人物設定，神牛並沒有長伴牛郎織女的。因此，若說多位善信指靈牛向他們報稱自己乃是長伴牛郎織女的神牛，可能是善信們太想念大水牛，繼而日有所思、夜有所夢吧！

---

1 「賣鹹鴨蛋」在粵語乃指「死亡」的意思。

頤和園長廊上牛郎織女鵲橋會的彩繪

動物有靈性

相信有好多人都聽過動物是有靈性的說法。若水牛哭泣已是你聽過最奇異的例子，那麼以下的烏龜故事更能教你嘖嘖稱奇。

這也是一樁電視台曾採訪的新聞。話說在 2003 年 8 月，台灣嘉義市有一戶人家正在做「頭七」。天上忽然下了一場大雨，大雨過後竟然有一隻大鱷龜爬入靈堂。期間，大鱷龜把頭抬得很高，左顧右盼，之後不斷向往生的老太太遺像點頭，猶如向往生者磕頭一樣。之後，牠就趴了下去，靜靜地待着。消防隊員到場把牠帶到大馬路旁，可是牠卻又馬上爬回靈位前。由於老太太生前長年茹素，又常放生做功德，家人相信鱷龜有靈，是來送救命恩人最後一程的。

有關動物有靈、動物報恩的故事，聲稱是真實例子的網路上可謂比比皆是。中國內地發生了狐狸報恩令人避過汶川大地震的故事；南非有一家人救活了一隻貓頭鷹，之後貓頭鷹常常銜着老鼠、蛇、小鳥等作禮物回去探訪那家人；美國西雅圖有一位八歲的女孩經常餵飼烏鴉，後來烏鴉竟開始報起恩來，往往在吃光食物時留下一些禮物，包括閃亮的金屬塊、耳環或石頭等。讀者們有興趣的話，可以 Google 一下呢！

動物有靈性嗎？

　　「靈性」這個字太有神秘的味道了。當我們指一隻動物有「靈性」時，多半是指牠們會認得人、可以與之建立感情、人與牠們可以有溝通和交流等。用現代的術語，所謂「有靈性」其實大概是指動物的「智能」。只是，以前的人不懂得動物有智能，所以用「有靈性」去指稱牠們的行為。動物的智能到底有多高呢？NBC新聞根據科學家的研究選出了十大最聰明的動物。當中包括了黑猩猩、海豚、象、八爪魚、烏鴉、松鼠、貓、狗和豬等。原來，我們經常食用的豬牛羊，牠們都有蠻高的智能。牠們有情感，會開心、傷心、恐懼，甚至焦慮……牠們有社交能力，會有「朋友」的概念。所以，牠們在屠宰場內，目睹朋友被殺，牠們會傷心，亦會有能力預期自己將會面對的是甚麼而產生恐懼。因此，不只慈雲閣內的大水牛是一頭靈牛，而是所有的大水牛都是「靈牛」。只是人類習慣了食肉，視牠們為食物，對牠們的傷心、恐懼和焦慮視若無睹罷了！也許，以下的獨白是每一條生命成為食物前的心路歷程：

　　夜裏，我從睡夢之中驚醒過來……

　　其實囚室中的膻臭氣味一直令我睡得不太安穩。

　　看着囚室內的同伴開始不安焦躁，我知道大限不遠了。

　　他們終於來到了！

　　穿着塑膠衣，面無表情的屠夫們將我們逐一的趕離囚室。大家不想就此死去，都極力地掙扎着。

　　面對死亡，之前覺得多留一刻都想吐的囚室忽然變得友善。

　　然而，一切只是一廂情願，一切都是徒然……

　　屠夫們未清空囚室是不會罷手的！

　　有同伴大叫，有同伴悲鳴，有同伴怒吼，有同伴哀

求……

可是，有用嗎？沒有。

有人會救我們嗎？沒有。

可悲的是，有人同情我們嗎？不知道，可能有，但是對於下一刻就會死去的我，同情與憐憫管用嗎？

親眼看着同伴一個個地被刺穿腳跟，倒懸在鐵鉤之上。

銀光一閃，白刃進紅刃出。

鮮紅的血在頸項的缺口像泉水一樣傾瀉而出。

血一點一滴的流下，生命一點一滴的消逝。

我隱約感受到，一滴微暖的眼淚順着我的面頰落下。

這是我在世的最後一個感覺嗎？

我還想活下去……

1985

東華義莊鬧屍變

潘啟聰

現代人的「戀屍癖」

　　未知各位讀者有沒有「戀屍」的愛好呢？請等等，不要就此把書合上。此書不是重口味的作品。我只是想問問大家，有沒有留意到近年的潮流文化要的是「屍橫遍野」？不論是電影、小說還是遊戲電玩，吸血殭屍和喪屍的主題可謂大行其道。就電影而言，《妖夜尋狼》、《吸血新世紀》、《生化危機》、《屍殺列車》、《熱血喪男》這些作品你就算沒有看過都一定聽過它們的名字。就遊戲電玩而言，以吸血殭屍德古拉伯爵為背景的「惡魔城」系列，自 1986 年 9 月發行至今已推出了 47 個遊戲；而自第一款作品於 1996 年出售開始，著名打喪屍遊戲「生化危機」的系列至今從未中斷過。就連美國的疾病控制與預防中心都湊一湊熱鬧。在 2011 年 5 月，中心官方網站亦以喪屍爆發為題，去講解災難應變措施。可見，在我們的潮流文化當中，「戀屍」的現象確實可謂穩佔一席位。

　　不過，我個人認為，對吸血殭屍的吹捧，理由無非是幻想的滿足。其實，如果有人嘗試將吸血殭屍的角色設定，由最早期的作品開始整理到現代最新作品，這一定是一個很有價值的研究。在早期的吸血殭屍電影中，吸血殭屍是

PREPAREDNESS 101:
ZOMBIE PANDEMIC

CDC
U.S. Department of
Health and Human Services
Centers for Disease
Control and Prevention

1985 東華義莊鬧屍變

徹頭徹尾的反派，是要被主角消滅的奸角。在造型方面，由早期 1920 年代的光頭妖怪到中期 1950 年代的翩翩君子，再成為現代的英俊型男，吸血殭屍的「屍」味不再。在能力方面，吸血殭屍的「進化」更是叫人譁然。早期的吸血殭屍怕光、怕銀器、怕聖水、怕大蒜、怕聖經⋯⋯在 2008 年上映的《吸血新世紀》中，吸血殭屍擁有讀心術能力、超乎常人的速度、足以單手擋住貨車的力量、陽光不會傷害到他們⋯⋯再加上高貴的氣質、英俊的面孔、超人的能力、不老不死的生命⋯⋯各位讀者，如果有一天，你遇上了一隻吸血殭屍，請聯絡我。我想被他咬一口。

東華義莊鬧屍變

是次的都市傳說卻與英俊的吸血殭屍無緣。可能讀者們要轉一轉頻道，中國的殭屍可沒有來自羅馬尼亞的德古拉伯爵那麼富有魅力。如果大家有看過林正英的電影，你們大約就知道中國的殭屍多數身穿清廷官服，產生自潮濕陰暗的「陰屍地」。他們沒有自己的意識，只是隨死前積攢的怨氣而四處攻擊他人。他們全身僵硬並散發着濃烈的屍臭味，指甲尖銳而發黑，以跳躍方式前進。被咬傷或抓傷的人會感染屍毒，變成殭屍。真的要比較的話，他們更像是現代電影中的喪屍。

話說在 1980 年代，東華義莊發生了「殭屍事件」。這件事件的存在有很多的媒體現在都不時提及。《東方日報》在〈跑入義莊夠應景　鬼節街跑率先探路〉的報道中，就指出：「⋯⋯而義莊（指東華義莊）則位於村的最深處，於 80 年代更曾發生鬧殭屍事件。」《香港 01》在〈大口環曾是靈魂中轉站〉就提及了：「八十年代，義莊更曾傳出殭屍事件。鬼故難辨真偽⋯⋯」《am730》在〈東院創院總理死後寄住義莊 112 年〉中就有言：「傳說中鬼影幢幢、常有殭屍出沒的東華義莊」

等等。可是，若嘗試找個認真的報道來查閱事件，卻是甚麼都未能找到。以下綜合網上的傳聞及坊間書籍中所載，為各位讀者試講述一下這都市傳說：

　　大約在 1985 年左右，義莊裏有不少管理員都清清楚楚聽到義莊內有四具棺木傳出「砰砰砰」的怪聲。聲音像是有人在棺木裏蹬腳，踏踩木板而發出的聲音。由於怪聲持續了好些日子，甚麼偶爾碰撞、聽錯、正常屍身變化等可能性都被排除在外了。管理員們雖然都「見怪不怪」了，但是不得不把事件上報東華三院的管理層去。據現在的傳聞所指，當時「殭屍事件」上報東華三院的管理層後，有管理層表示問題根本不是他們能力範圍所能處理。因此，他們選舉報警求助。警方的政治部、被警方邀請而來的專家，甚至是從英國來的神父對破棺而出的殭屍根本束手無策。據說，那些殭屍破棺而出後只是在房中緩慢的行走着，既沒有異樣，又沒有襲擊人。只是專家們認為對他們放任不管也不是辦法。要是一不留神，讓他們走失了，走到鬧市去了。政府總不能發聲明，向市民說那些屍體只是死後百無聊賴，到處散步和看看以解心裏鬱悶。那還不引起公眾恐慌嗎？故此，警方向東華三院提議把他們一一燒毀，免除後患。警方與東華三院就在這裏開始出現嚴重分歧。東華三院就警方的建議提出強烈的反對，認為對先人的尊敬、成全家屬的意願、保留死者全屍等是義莊的責任。東華三院對於倉卒燒屍的決定，認為這是不能接受的做法。因而，管理層只好「另聘高明」以處理事件。

　　最後，東華三院請了茅山界裏享負盛名的溫氏家族來處理殭屍。各位讀者，別給林正英先生的殭屍電影搞亂了，甚麼月黑風高的夜晚、甚麼撒遍地上的糯米、甚麼桃木劍金錢劍橫飛等等⋯⋯這些天師大戰殭屍的畫面是不存在的。別忘了故事有關鍵的兩點：一、殭屍一直只是在散步而沒有攻擊性；二、東華三院的決定是要保留存好死者的屍身。所以，

145

1985 東華義莊鬧屍變

故事是終結於一個風和日麗的中午，溫師傅把屍體「溫柔」地放回棺木內。然後用了墨斗綫縛住棺材，再用泡過黑狗血的網網住棺木。有傳棺木裏的先人到現時仍未有人認領，接回去下葬，仍存放在義莊中的一個密室內。縱使是進行翻新和修葺工程，那間密室都無人敢動其分毫呢！

喪屍／殭屍／吸血殭屍，有可能嗎？

2011 年美國的疾病控制與預防中心以喪屍爆發為題去講解災難應變措施。那個時候我跟深諳科學的朋友聊天，問：「屍變，有可能嗎？」友人斬釘截鐵地回答道：「無，無可能。就算是讓一步說，當作屍變是存在的，喪屍／殭屍／吸血殭屍一點都不可怕！」我問他：「為甚麼？」他笑着說：「你只消Google 一下『屍體的生理變化』或『屍體現象』這些關鍵詞，隨便看看你就明白了。」

當然，為了各位讀者，筆者當然不會 Google 了事。在學術搜尋器用「屍體現象」作關鍵詞去搜尋，果然找到了不少有用資料。根據浙江省高級人民法院法醫關信在《人民司法》中發表的〈漫談一些常見的屍體現象〉一文，原來人在死亡以後會出現肌肉鬆弛、肌張力消失、肌肉變軟等情況。死者這時候常常會出現口微開、眼微睜的情況。按關信多年當法醫的經驗，他指不少死者親人因此以為死者生前還有未了的事、死不瞑目，甚至要求為死者伸冤呢！不過，這段時間很短暫。約一至三小時後，屍體肌肉會變硬，被稱為「屍僵」現象。其發生的順序多先由頜肌、頸肌開始，其次為顏面肌，後按軀幹、上肢、下肢的順序發展，稱之為「下降型屍僵」。屍僵要經過一至兩個晝夜或更長一些時間才開始緩解。完全緩解則要在死後三至七個晝夜。由此說來，你在街上碰到喪

屍，然後被他們追個筋疲力竭，這絕對是電影中才會出現的情節。假設真的有喪屍事件爆發，不消四小時，你就會見到喪屍們在街道上呆若木雞的站着（更有可能是躺着），想攻擊並啃掉你是不可能的呢！

那麼，屍僵緩解後，屍體不再僵了又如何？

別忘了，沒有新陳代謝和血液流動的屍體是會腐爛的。據江蘇省沛縣公安局吳慶偉在《徐州工程學院學報》發表的〈對死亡時間的推斷〉一文的說法，屍體腐爛的情況（主要以春秋季節為基礎）如下：

一、腐敗性腹部膨脹在死後 8 至 10 小時開始出現；

二、腐敗綠斑約於死後 24 小時開始出現；

三、腐敗血管網在死後 48 至 72 小時開始出現；

四、頭髮易於脫落和腐敗水泡現象於死後 3 至 5 天出現；

五、屍體軟組織液化消失而僅存屍骨，如果在盛夏季節只需一個月左右的時間便開始出現。若在有蒼蠅破壞的情況下，時間更會縮短。

由此可見，如果警察或軍方在喪屍呆若木雞的階段仍未處理所有喪屍，其實只消要求市民留在家中一個月。待喪屍們的軟組織液化後，喪屍事件必定完全終結！但當然，公共衛生的問題屆時可能更為嚴峻了。

總而言之，電影裏的喪屍事件爆發引至世界末日的出現，比起長頸鹿吃光人類、海參毀滅地球、酵母菌引發核爆等的可能性還要低呢！

「互聯網世界
的都市傳說」

1980s
「集體目擊」
的華富邨 UFO

1993
蘭桂坊招魂旛

1990s
「超猛鬼」
-- 灣仔紅屋南固臺

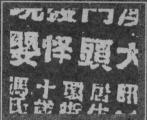

1963
大頭怪嬰

1998
冤魂問路藏暗示

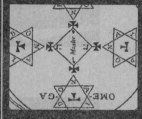

2000
海防博物館
驚魂夜

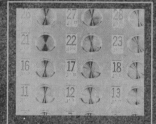

2004
通往異空間之門

2005
西貢結界

2011
達德學校

2015
重複的太子站

2016
與 Siri 對話

1980s

「集體目擊」的
華富邨 UFO

施志明
● ● ●

由拍攝到探索華富邨說起

　　最近與香港傳媒拍攝【港古佬】節目，選了一些有趣的題材，作為「激嬲女友系列」，其中提起了華富邨 UFO。UFO，即 Unidentified Flying Object，「不明飛行物體」，又可寫作「U.F.O」。如果有人看到孔明燈升上夜空，而不知是甚麼的時候，其實也可以稱為 UFO。但時至今日，大多是泛指外星人的交通工具，即「飛碟」。

　　說到這裏，不知大家相不相信有 UFO，而筆者暫時沒遇過，所以便在書堆、在網絡上找了些資料。在尋找相關題目的時候，也會找一些

《港古佬》該集封面（香港傳媒提供）

151

不同版本比對。找一找，思如潮湧，回想起小時候，名叫《今日睇真 D》的亞洲電視節目，當時畫面上，「大姐明」林建明說着這世界有羅茲威爾外星人，如是者一連幾晚，又有解剖的過程，可謂掀起了一股外星人熱。最後，記憶力好的讀者，會知道結局：假的真不了，這段片是造假的。「解剖外星人」的影片在 1995 年亞視《今日睇真 D》曝光，聲稱是美國軍方於 1947 年羅茲威爾飛碟墜毀事件發生後，短時間內拍攝的片段。

　　尋找近年的網絡資料，找到 2010 年 12 月 20 日香港電台製作、在 TVB 播出的《鏗鏘集》，題為「看見 UFO」，算是近年較為用心的製作。至少，錄之以存疑，沒有說誰真誰假。

　　說到這裏，平日我們說「陳仔」（歌手夏韶聲對外星人的戲稱），是否看着我們所做的一舉一動呢？而我們是否是外星人的實驗品呢？不如，聚焦重點個案，探討一下華富邨 UFO 的傳聞。

華富邨 UFO 傳說與版本

現時流傳的版本，説事件是發生在 1980 年代初。

目擊者聲稱，發生在 1980 年的一天，當日感到強烈震動，於是走出屋外，看到華富邨華泰樓上空，有一架多角形的巨大黑色物體停留不動。它的體積大得可以覆蓋整幢井字形公屋，堪比航空母艦。又聽到居民大叫「打到來啦！打到來啦！」所以引來全邨也在天井，一睹奇觀。

過了一會，這不明飛行物體（UFO）慢慢升起，底部邊緣有白色燈不斷閃亮，而中間有藍和綠燈。當藍和綠燈一亮，地便會產生震動，並發出大型機器的「嗚嗚」聲。其後，UFO 大約停留五至七鐘後，隨即向大嶼山方向飛走。（這版本與《鏗鏘集》「看見 UFO」的目擊者阿君説法類同）

此後，UFO 一再在華富邨出現。

有街坊則指，1980 年代初，某日接近黃昏，天還亮時，屋內忽然刮起陣陣怪風，天色轉暗，緊接着是一道光束射向天井，並有不少細圓點燈光轉動不停。「嗖」的一聲，天色回復晴明，UFO 朝南丫島方向飛去（這版本與《鏗鏘集》「看見 UFO」的目擊者 Anita 説法類同，當時為 1985 年）。

另外，有些目擊者聲稱它是圓形，大小如航母般，並稱「全邨都睇到」。有人則稱是「觀音顯靈」、「耶穌回歸」等神蹟，巨大黑影是觀音大使坐着蓮花座飛過；又説是氫氣球，又有説是戰機低飛造成。

不過，有居民指這些傳説是以訛傳訛，所以十居其九，聽的人多，見的人少。

目擊 UFO 證人的供詞

據網上資料所得，傳説中的目擊者 Anita，是唱片公司

是宣傳顧問。她除了說出親身經歷外,另認為自己身體出現「UFO 後遺症」,對於精密科技異常敏感。電腦會無端失靈、檔案遺失,找人來維修時,又自動復原。新款手機亦然,於是選用的手機是最簡單的。

在此,筆者暫且錄之以存疑,而不判斷事實真偽。

但此事於 2010 年成為香港電台認真看待的故事,確是不簡單。《鏗鏘集》開首簡單交代了背景,由「1984 年到 2010 年 11 月,天文台共收到有八百多宗不明飛行物體的報告」說起,並且找來名人徐立之、涂謹申講述他們對 UFO 的看法,而影片中的司徒華冠(報紙攝影師,「香港飛碟學會」個案鑑定員),比一般人更尊重科學的嚴謹精神,鑑別真偽,更是令人印象深刻。總括而言,算是以中立的角度,去探討香港 UFO 事件。

不過,聚焦在華富邨 UFO 事件,除了 Anita 和阿君兩位外,加上一位華富邨居民,似乎證據還是略為不足。如果事件是單一發生,便產生以下問題。

一、時序混亂。阿君稱是 1980 年左右,Anita 稱是 1985 年。

二、飛碟形態不一。Anita 稱是圓形,阿君稱是八角形。

三、「集體目擊」但並不「集體」;而且當年並無報章刊登(交稿前,筆者暫時搜集不到)。

不過,事件如非單一,便可有如下辯解:

第一、不存在時序混亂,即 UFO 曾多次在華富邨出現。

第二、二人對 UFO 的理解不同,是二人所見非同一事件,所以 UFO 不是相同的。

第三、大量人口遷出,當年的邨民老去的、走了的,成為千古懸案。

然而,假使是不同個案,真的能夠找回「集體目擊」的證據嗎?

過去香港傳媒有關華富邨的報道，如引述曾擔任玉皇朝美術總監、現自立門戶的漫畫家邱福龍（兒時住在華泰樓對面的華美樓）的說法：「我成日喺屋企騎樓望天，但未見過UFO。」[1]（我整天在家露台看天，但沒看過UFO）究竟孰真孰假？相信現時很難找到答案。

無法推敲的「真假」

二戰後，UFO（或者「飛碟」）在香港報章之中，不時成為話題。在繼核軍備之後，太空科技成為新一輪的科技競賽（1955年－1972年）。飛碟出現在美國時有發生，香港報章不時加以引述，如「美國境內捕獲飛碟」，確實是一個醒目的題目（見左圖）。「飛碟」一詞，

《工商晚報》1947年7月9日的報道

在報章中如雨後春筍，愈來愈多，飛碟一時在英國、法國，及至印尼泗水也會出現。

漸次在香港本地

《工商日報》1947年7月20日的報道

---

1 〈居民目擊UFO停華泰樓〉，香港傳媒〈要聞港聞〉，2014年1月16日報道。

遇上飛碟的報道，也愈見愈多。如《工商日報》於1947年7月20日，便有「本港皇家空軍否認　飛機凌空追尋飛碟」報道（見前頁圖）。

其後，《工商晚報》1947年7月29日報道中，又有以「九龍上空發現飛碟？」為題（見右上圖），便可以看到戰後報業對飛碟的新聞題材，絕不吝嗇。

及後書刊報章也不乏引述學者對外太空的看法，如《工商晚報》，1952年9月17日的報道，題目為「港大教授認為世上確有飛碟　為來往行星間之船隻」（見右圖），可見太空、外星人的話題，也逐漸走入人們日常生活之中。

其後，一段頗長的時間，報章對飛碟時有報道，甚至飛碟傳説也有會轉述，如有人與外星人接觸等等。飛碟報道，國外有之、本地有之，其中《工商晚報》於1968年7月17日的報道，題為「港空出現飛碟？」報道內容似有分析，但結尾仍是一片謎團（見後頁圖）。

《工商晚報》1947年7月29日的報道

《工商晚報》1952年9月17日的報道

155

《工商晚報》1968 年 7 月 17 日的報道

飛碟傳聞及報道，時而出現，亦不時成為我們關注的事件。1981 年 9 月 5 日於《大公報》的報道（見右圖），題為「地球兩側同日見飛碟」，內容描述了飛碟外形等等，並說同日分別在美國加州及中國西藏出現。

《大公報》1981 年 9 月 5 日的報道

至於 1981 年這架 UFO，與華富邨的 UFO 有沒有關係呢？讀者要自行推測。遺憾的是，筆者暫時還沒有找到當年有關華富邨的目擊飛碟報道。

不過在互聯網世界，「華富邨 UFO」不時成為搜索的關鍵字，並成為人們茶餘飯後的話題。時至今日，是我們是不相信 UFO 存在，還是更科學、更謹慎地推敲 UFO 的存在呢？筆者相信是後者。

觀乎過去五年（2014 年－2018 年），香港天文台共收到 88 宗 UFO 報告。而報告之中，哪裏 UFO 出沒最多？

在平淡的日常生活中，還是忍不着留意一下：

2014 至 2018 年市民於不同地區目擊不明飛行物體的分區數字

地區	年份					2014 至 2018 年每區小計
	2014	2015	2016	2017	2018	
香港島						
東區	2	1	1	-	-	4
灣仔	3	-	1	1	-	5
中西區	-	2	1	-	2	5
南區	1	-	1	1	-	3
九龍東						
觀塘	-	-	-	-	2	2
黃大仙	1	-	-	-	-	1
九龍西						
油尖旺	-	-	2	-	-	2
九龍城	-	1	-	-	2	3
深水埗	-	1	-	1	1	3
新界東						
西貢	-	-	3	2	4	9
沙田	2	1	-	-	2	5
大埔	-	-	-	1	-	1
北區	1	-	1	2	1	5
新界西						
葵青	1	3	-	1	-	5
荃灣	2	-	-	3	3	8
屯門	2	-	1	-	2	5
元朗	1	1	1	1	2	6
離島	1	-	3	-	1	5
其他（報告中沒有說明地區）	4	-	4	1	2	11
每年所有地區小計	21	10	19	14	24	-
總數	88					

（＊想了解更多本節內容，可參考【港古佬】:「咒怨棺材同亂葬崗　華富邨有 UFO 嚟過？」影片。）

1990s

「超猛鬼」——
灣仔紅屋南固臺

施志明
• • •

探靈團出發

　　話説 2003 年，三名 13 至 14 歲的女生，同是就讀北角區一間中學，分別是鄭女、王女、張女，她們對於「筆仙」及「塔羅牌」的占卜深信不疑，所以被同學戲稱「神婆」。三女有一次得到筆仙指示，前往北角一所空置的政府物供應處起骸骨，惟依指示前往起骨無果。雖然白走一趟，但對探索陰間靈界產生強烈興趣。其後，三女組成探靈團，加入了五名新成員，有鄭女的男友以及三女一男同學。

　　探靈團定於 11 月的一個晚上進行，當夜冷風蕭瑟，眾人認為正是探靈的好時機，於是向以素來猛鬼的灣仔「紅屋」及已廢棄的聖璐琦書院進發。時為深夜零時零分，年輕男女，一行八人，摸黑夜行，抵達船街，沿麻石階梯，拾級而上，及至聖璐琦大閘閉鎖，其中一人突然打退堂鼓，於是各人只好到附近休憩公園，再商部署。卻不料神婆突然大叫：「我要返上去，佢哋好掛住我（我要回去，他們很想念我）！」

　　據同行少年所說：「神婆佢哋突然三個人一齊彈起身，指住『紅屋』條大樓梯，大嗌見到個黑影，仲向佢哋招手（神婆她們突然一起跳起來，指向『紅屋』的大階梯，大呼看到黑影，還向他們招手）！」此時此刻，三女突然變了另一把聲音說：「我哋要上去睇（我們要上去看）！」隨即三人向紅屋前去，同行各人早已嚇得毛骨悚然。當三女接近紅屋時，又大呼看到站在樓梯的「黑影」，正向她們三人招手，三女立即轉身拔足狂奔，下樓梯，跑至皇后大道東，突然停步狂叫：「嗰隻嘢跟住我哋（那東西跟着我們）！」

　　眾人驚魂未定，三女突然目露兇光，並猛力推開上前慰問的友人，大叫：「我要上返去，佢哋好掛住我（我要回去，他們想念我們）！」其他五人面面相覷，雖不知「佢哋（他們）」是誰，但心知不妙，並相信三人已被屬鬼附身。更駭人

的是，眾人目擊王女眼發綠光，咆哮叫：「你（同被鬼上身的鄭女及張女）跟我返上去！」

眾人不知所措，打算掌摑三女，使她們清醒過來，其中鄭女被打至流鼻血。然而，原本弱不禁風的鄭女竟變得力大無比，一掌將四人推跌。眾人此時均喪失理智，肉搏打鬥，一陣陣廝殺聲，引來附近街坊以為有人毆鬥而報警。警員接報趕至，三女仍未回復正常，竟狂追警員噬咬，於是警員馬上要求增援，最終多名警員聯手，合力制服三女。其時，三女早已衣履不整，不過仍緊握拳頭，精神繃緊。

三女由救護員用布帶綑綁手腳送院，並接受血液及尿液檢驗，證實未有服食藥物，卻未知是何因導致發狂。

這宗撞鬼怪事，當年轟動一時，多份報章亦有報道；[1] 而事件也引起街坊驚懼，有指

南固臺現時外觀（香港傳媒提供）

南固臺內部（香港傳媒提供）

1 〈闖鬼屋撞邪 三妞抗群警〉，《東方日報》，2003 年 11 月 30 日；〈灣仔南固臺撞鬼真人真事 女生探靈撞邪竟變喪屍咬人？〉，《東網》，港澳版，2017 年 11 月 17 日。上文探靈故事按報道整理。

「紅屋」所在地為日佔時期的「慰安區」，疑當年無數慘遭姦淫而死的婦女，冤魂不散，化成厲鬼作祟。

據說有街坊經過紅屋時，曾聽到屋內傳出女子的哭聲，頓時毛骨悚然。不少人聲稱在屋內看到鬼影和鬼火，更有指看到身穿鮮紅色旗袍的女人，向人招手和微笑。

南固臺的歷史與鬼故事關聯

1918 年建成的南固臺，位處灣仔船街 55 號，是富商杜仲文的物業，至今已有逾百年歷史。南固臺之所以被稱為「紅屋」，而是因為外牆以紅磚砌成。樓高兩層，前院有涼亭、荷花池，建築風格中西合璧，陽台正對維港，可說是一座風光大宅。補充說明一下，20 世紀初，華人居住半山亦屬罕見，半山大都以外籍人士居所；其後，隨着華人的社會地位逐漸提升，才開始打破局面。

杜仲文在大宅落成後，隨即賣給他的弟弟 —— 杜澤文（時任永安百貨副總司理）。不過，到 1943 年日佔時期，杜澤文突然在紅屋內離奇暴斃（時年 74 歲，死亡證上「死因不明」），而南固臺的業權也被日軍佔奪。當時日軍在灣仔口一帶都設立了慰安所，於是有傳將南固臺成為了慰安所「貴賓廳」，將從港九捉到的婦女禁錮在這裏，作為慰安婦。因此，流傳有不少婦女在屋內慘遭殺害，化成怨靈，被困屋內。

日本投降後，大宅便一直丟空。另有一說，杜澤文兩名兒子杜昆榮與杜昆耀接收紅屋。[2] 其後搬出，留給一群媽姐看守。多年後連媽姐們也離開了，大宅便一直荒廢。

及至在 1988 年，合和集團以一千六百萬港元買下南固

2　此說法主要來自韋基舜著作《吾土吾情》（香港：成報出版社，2005 年），指當年與杜氏兩兄弟一起在華仁書院讀書，杜氏兩兄弟住在南固臺，他住毓秀街，不時到南固臺，未見異狀。

臺，打算興建一所酒店，然而城規會沒有批准，大宅便繼續空置，重門深鎖，不准外人進入。正因如此，紅屋沒人保養維護，整座建築物變得殘破不堪，也不時傳出靈異事件，引來好事者深夜潛入探險。

至於旁邊「鬧鬼」的聖璐琦書院，同於 1988 年被合和收購，成為同一綜合發展區。故此，筆者認為這所書院鬼故事根據薄弱。如果說南固臺是反映華人社會地位冒起的地方，聖璐琦書院則是見證 1970 年代，中學學位不足，政府須向私校買位的歷史。港英政府興學，官辦學校數量不多，於是鼓勵當地辦學團體開辦各類型學校，政府提供津貼。當遇到學位不足時，便要向私校買位，以應付短期內的教學需要。當年很多私校只是建於大廈內，運動場、實驗室、地理室、音樂室，都是沒有的，而「鬧鬼」的聖璐琦書院有運動場設於天台，算是設施較好的一間，且薄有名氣；並且，反映當年校名傾向西化，有宗教背景更能吸引學生報讀。同樣，學校被收購後，隨着日久失修，成為「鬧鬼」的極佳場所。

至於，這建築內有命案嗎？查不到有。那鬼故根據都是，因為灣仔曾經是「慰安區」內。之後，有街坊說看到「紅衣女鬼」在校舍內，不時有「鬼火」。但這些，都是荒廢後的事。簡單點說，千錯萬錯，空置的錯。

空置、鬼屋、探靈

由此可見，凡是空置的建築，便容易發展成為都市傳說的鬼屋主角。筆者翻查戰後的舊報紙，發現一些本地「鬼屋」報道。然而，關於 1960 至 70 年代以前的南固臺「鬼屋」報道，仍然欠奉。反而，鬧得沸沸揚揚的，如「美利樓」在 1960 至 70 年代，在作為政府主要部門的總部時傳出鬧鬼，港府更罕有請來高僧作法超渡（見圖一）。

但終究美利樓歷史悠久，經歷事故多，構成鬼故傳說的理據較為充分。建築物本身與地區歷史或事故脗合度愈高，愈是難以道破傳說虛實。（詳見同書〈香港最恐怖辦公室〉一文）

這裏不妨開一開叉筆，探靈或夜闖「鬼屋」的新聞，在1960至70年代漸次出現，有些如旅行團

圖一：《工商晚報》1963年5月19日的報道

形式出發探險鬼屋（圖二），也有如讀心理學的大學生作研究個案進行實地考察（圖三），當然也包括夜探鬼屋被警察捉拿的報道（圖四）。相較於戰前及戰後初期報道，主要是記錄鬼屋之説，或打破鬼屋之説，未見有探靈團釀禍事故。這或許反映了在1960至70年代香港社會「經濟起飛」的時期，部分市民開始透過探靈，消解生活鬱悶，藉此尋找新的刺激。於是空置建築物，愈有故事，愈成為他們的探靈對象（圖五及圖六）。

圖二：《華僑日報》1979年6月19日的報道

1990s「超猛鬼」——灣仔紅屋南固臺

新界「鬼屋」傳午夜有鬼哭

靈魂學者決一探究竟

六志願人士打算逗留一宵

圖三：《工商晚報》1978年5月22日的報道

吉列山道鬼屋

大學生捉鬼

反被警察捉去

（特訊）昨晚港大學生前往吉列山道鬼屋捉鬼，崇越閭，反被警察捉去。

圖四：《華僑日報》1973年3月25日的報道

姑安言之姑安聽之

清水壕鬼屋怪聞

在床睡眠醒來臥地　大門亦能自開自掩

德文路清水壕一百餘號住戶、出租半年、有男子何少閒、搬客遷入居住、甫往兩日、見有種種怪狀、時覺陰風陣陣、寒冶非常、坊人咸呼爲鬼屋、前年風陣陣、寒冶非常、及醒則覺人已在地、何延有伴多時案上雜物、竟自移動、無故夜夜被人在床睡眠、醒來臥地、見各物作地亦傾倒在案、大門亦能自明自掩、及醒則覺人已在地、何延有伴多時人、家中大細、多被驚擾、近且並聞昨卅一日何乃到分局報案、思圖遷居、苦循附近奇異狀況、並研究妥治辨法、出而視察、則舊附近將家具遷出、一般膽小力不敢入內、後何協同警察多人、拘將傢私遷出、此邨四傳遍週、咸呼該屋爲鬼屋、聞有胆汁澎湃之徒、隨夜時不敢行近門前、且有坊人報頂屋已有李姓住客水缸中、自米忽變霉爛、咸曾報與、姑錄之以供靈魂學家研究。

圖五：《華字晚報》1937年4月1日的報道

揭破　鬼屋　之謠

【本報專訊】週來跑馬地大鬧鬼屋謠言、弄得滿天神佛、每晚跑去看鬼之流、說是沒有人住、也做成了扒手的機會、大施「超技」。鬼屋之謊、於是必定有鬼云云。其實這完全是誤會究竟那間被指爲鬼屋的、住客是一位外國人、于旬日前離港返英渡假、附近小偷多、沒人看屋、便不成、但他又不願讓人看守、于是想出個辦法、把屋裡電影和街燈的電郵發生關係、入晚得燈放明、那屋的燈火也大放光明、到早晨時、也證街燈而滅了。如此一來、便生了鬼屋之謠。（舟）

圖六：《工商晚報》1950年8月1日的報道

（＊想了解更多本節內容，可參考【港古佬】：「荒廢南固臺屋內殘到爆　少女探險疑撞鬼　失控變男聲」影片。）

1993
蘭桂坊招魂旛

潘啟聰

• • •

匪夷所思的事件？

不知道各位讀者有沒有曾經歷靈異事件？匪夷所思的事件？我好像沒有。

對！我是「好像」沒有。因為經歷了都不知道算不算。我一向都有一邊聽網台鬼故事，一邊做教材的習慣。因此，某些節目主持人的樣子我是能認出來的。有一天，我在送女兒上幼稚園後，在附近麵包店門前遇上其中一位。那位主持人在節目上曾多番表示他有陰陽眼，亦有跟法科師傅修學。那時我剛好路過麵包店門口，而那位主持人正在從麵包店出來。我倆四目交投，而我見到他望着我的眼神，由一個普通看到陌生人的眼神轉為一個極為驚愕的眼神。試想像一下。你正在百無聊賴地逛街，在毫無心理準備的情況下，你看見關羽手執青龍偃月刀在你身旁走過。你那個時候的表情和眼神就是那位節目主持人當時的表情和眼神。不知道這算不算是我經歷過的靈異事件呢？（當時我是正常的上班 look，絕對沒有 cosplay 關羽。）

好心的死亡預告

以下所講的都市傳說中，就涉及了不只一件匪夷所思的事。到底是真是假、是巧合還是心理作用，我真的不得而知了。要老套地説句，交由看倌判斷。

相信 1993 年是很多香港人都難以忘懷的一日。那年的元旦前夕跟往年一樣，有很多人聚集在蘭桂坊，預備新一年的來臨。結果，快樂的一晚變成了慘劇。在零時十分發生了人踩人的慘劇，共有 21 人死，63 人受傷，成為香港開埠以來最多人死傷的人踩人事故。話説當年警方仍未有人潮管制的概念，那夜蘭桂坊這條小街上就被近二萬人逼滿。據報章上的

報道，接近倒數的時間，場面開始失控。現場有人噴射氣體式綵帶、噴灑啤酒及汽水，更有外籍青年投擲酒瓶及磚塊。這些亂象導致人群爭相走避。約零時十分，現場有人跌倒。由於場面擠迫，不少人都被推擠。最後，出現更多人倒地及人踩人事件的發生。

令人匪夷所思的事發生了，有傳聞指根據消防署的官方紀錄，署方在零時一分的時候已收到第一個 999 求助電話。電話指蘭桂坊發生了人踩人事件，要求署方派人救援。結果，首輛救護車在零時十一分時抵達現場。問題在於官方紀錄標示的求助電話。在收到電話的時間，慘劇乃未發生。首輛救護車抵達現場時，亦不過是在慘劇後的一分鐘。到底是誰撥出這個死亡預告，讓救護員可以在最早的時間開始救人呢？

死亡詛咒高高掛

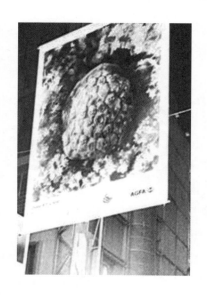

蘭桂坊事件產生的都市傳說並不只一個。事發當日，在發生事件的地點上方，懸掛了一幅大海報。海報內的圖像外形如合桃，實際為人面眾生相的雕刻。合桃共由 21 人組成，合桃上人臉的輪廓尤為突出。有傳畫內的 21 名模特兒早已離奇死亡，而人踩人事件中恰巧又有 21 名死者。故此，事後有關此畫不祥的傳聞不脛而走。

就是要你相信我

就「死亡預告」的傳說，我特意請教了一位朋友，他有家人是當救護員的。他聽罷以後笑了笑，指應該是穿鑿附會的居多。他給我分析說，蘭桂坊事件不是甚麼地震、火災、海嘯等那些意外。如果是地震，那麼我們才有所謂的地震發生時間，然後才有人命傷亡的意外。若有人能在地震前，致電消防署指出某大廈在三十分鐘後會因地震倒塌。這樣才足以讓他感到嘖嘖稱奇。可是，蘭桂坊在那夜有近二萬人在場。如果說在蘭桂坊某處在較早時間發生了一場小意外，然後有人致電消防署求助。之後，救護車到現場前發生了後來的大型意外。事後，有人將兩者誤以為有關聯，這也是絕對有可能的。

在閱畢這麼多都市傳說以後，我發現當中其實內含不少以說服人為目的之敘事元素。流傳傳說的人就是要你相信其所載之事為真實的。耶魯大學心理學教授霍夫蘭（Carl Iver Hovland，1912-1961）曾對「遊說」和「態度改變」作出了一系列研究。根據霍夫蘭的研究所得，影響一個人是否接受溝通內容的變數共有四項，當中包括了：訊息來源、訊息特性、閱聽人特性及閱聽人的反應。

有關訊息來源方面，態度改變的效果大小受到了來源「可靠性」（credibility）之影響。研究結果指出高度可靠性的訊息來源對參與者的態度改變有顯著的影響力。我們可以見到不少都市傳說都會指出它的故事是有見證人的、有證據的。以蘭桂坊事件為例，故事會告訴你它是有救護員可證明的、有官方紀錄的；更有趣的是，故事的來源往往與故事發生背景對應，而且更於該場合有一定的權威性。例如講述蘭桂坊意外的見證人是救護員而不是傷者、見證地鐵靈異事件的是港鐵職員而不是乘客、講述樓盤鬼故事的是地產經紀而不是買家。可是，若你嘗試認真地探查一下到底有沒有此人、此

人所言是否真有根據等問題，你往往卻甚麼也查不出來。仿如根本並無此人，從未有過此證據一樣。

除了訊息來源外，訊息特性對於說服人亦甚為重要。在敘事上都市傳說還有一個獨特的地方。那就是在故事中，敘事者會刻意表明其中性的立場，而有不少「信不信由你」這一類的言辭。在《香港詭異都市傳說》一書中，諸如「究竟是集體幻覺，還是真有其事？」（頁 12）；《排在龍尾別回頭 —— 令人顫慄的都市奇談》中的「香港有很多涉及靈異的都市傳說，說者都繪形繪聲，務求增加傳聞的可信性，當中『有真有假』，各位讀者聽過多少，又認為當中所講的，有多少與事實不符呢？」（頁 114）；《不為人知的都市傳說》一書中，作者在〈自序〉裏寫下「內文皆為都市傳說，僅供參考，其真實性仍待後人驗證」一語（頁 5）……以上的敘事手法都是運用了一些令你們相信故事中所述的皆屬真實之手法。據霍夫蘭的研究所示，被視為無偏見的溝通者，其溝通的效果最為顯着。故此，在都市傳說的講述中，我們可以見到講者往往有一種強調自己是中立的、信不信由你的語調。這種敘事手法意圖向你們表明，講者並無任何偏見或企圖要你們相信他的故事。不過，這種手法反而最有說服人的效果。

作為故事的一種，敘事當中竟然包含了說服溝通的元素，務求使讀者／聽眾相信故事的內容。香港都市傳說的流傳就是這般有趣呢！

1963

大頭怪嬰

施志明
● ● ●

那些年，收聽的「恐怖熱線」

「大頭怪嬰」應該是不少香港人聽聞過的都市傳說。傳說這是「真人真事」，而且這個題材更拍攝成了電影。筆者第一次聽到「大頭怪嬰」，仍是唸中學的階段。翻查紀錄，這段傳說應是來自 1999 年新城 997 的《恐怖熱線》電台節目，直播中，主持接到一位名叫 Jeffery 的聽眾來電講述此事。其後，就是看電影——那齣 2001 年上映，由吳鎮宇主演的電影《恐怖熱線：大頭怪嬰》。當時，電影上映後，這股大頭怪嬰熱潮，便像病毒一樣，在網路世界蔓延開去。

傳說中的大頭怪嬰

在電台節目中，聽眾 Jeffery 來電分享了的童年經歷，大略如下：

> 　　1963 年，我在香港西區一所男校讀書。有一天我和另外 13 名同學一起在佐治五世公園與國家公園之間的空地附近踢球，之後球被踢到了附近的草叢裏。
>
> 　　當我們去撿球時，發現了一個頭大得像竹籮一樣的怪嬰，這個怪嬰當時身上沒有任何衣服，皮膚呈銀灰色，下身也看不出任何生殖器官。我們嚇得四散逃迷，之後有發生一些奇怪的事。
>
> 　　在看見這名大頭怪嬰之後，我原本的心漏病突然康復了。當時醫生斷定我活不過十歲；而且我的記憶力大幅增強，過目不忘。當年和我一起見過大頭怪嬰的同學也突然變得比常人聰明，或多或少的獲得了一些異於常人的能力。

1963 大頭怪嬰

筆者心想：見一見，人聰明了，也健康了，那不應稱大頭怪嬰，當稱「大頭福星」。

其後，有人陸續寫信或致電節目主持，表示同樣見過這大頭怪嬰。坊間突然冒起大量相關資料。到了 2001 年，上文提及過的《恐怖熱線：大頭怪嬰》電影就是以此為藍本創作，故事發展一略如下：

《恐怖熱線》節目直播中，接到一名叫 Chris 的聽眾來電。Chris 說自己在 1963 年的某天傍晚，和六名小孩在西環的一所學校踢球。其中一名男孩在撿球時，無意間來到了山下一座廢棄的設施，在那裏發現了一個被關在鐵籠中的大頭怪嬰。怪嬰頭部滿是眼睛，皮膚佈滿皺褶、呈現灰黑色，頭大如斗，力大無窮……

之後 Chris 和其他幾名小孩帶來信奉伊斯蘭教的校長，校長拿着《可蘭經》對怪嬰一頓操作，卻嚇得《可蘭經》也掉下來…… Chris 說完，便掛了電話，節目結束後。電台接到聽眾大量來電，有關於大頭怪嬰的線索亦越來越多。

飾演美國記者的何超儀以及飾演節目製作人的吳鎮宇，便開始尋求「大頭怪嬰」的真相。之後，在查閱舊報紙中發現確實在 1963 年有大頭怪嬰的報道。

接着一行人到那間醫院，找回當時有份接生大頭怪嬰的護士進行採訪。護士告訴眾人，大頭怪嬰出生後母親當場死亡。政府當局為免市民恐慌，便迅速派人將大頭怪嬰帶走。

他們結合一系列之前得到的線索，判斷 Chris 一行人當年踢球時，很有可能誤入到了政府的秘密設施之中……

這齣由鄭保瑞執導的港產恐怖片，當年在社會中反應不俗。最後更拍了兩個結局。還有，著名恐怖節目主持人潘紹聰也有份出演。

後來，筆者又聽人們說大頭怪嬰出生之後，被送往美國進行實驗。

2015 年 8 月 6 日，《恐怖熱線》節目組再次找到了 Jeffery，並在當天節目中與 Jeffery 即場電話連線。結果還是愈聽愈怪。

筆者綜觀傳說，時間大體可以鎖定「大頭怪嬰」發生在戰後至 1960 年代香港，還是搜尋一下報紙：

話當年，怪嬰報道

現時找資料，尚算方便，在香港公共圖書館 MMIS 搜尋「大頭怪嬰」，便會出現相關條目。幸運地發現有兩則，但發生地點都在澳門鏡湖醫院（見下圖）。

《華僑日報》1951 年 8 月 1 日的報道

《華僑日報》於 1956 年 11 月 30 日的報道

不行！「大頭怪嬰」應當是在香港發生，所以筆者更改一下搜尋關鍵為「怪嬰」，開始進入剪報遊戲。由戰後到 1960 年代，找到多宗「嬰怪」的報道，抽選了在香港不同類型怪嬰：

贊育連接發現 兩具怪嬰
一個孖胎四手四足
一胎三嬰身體康健

【專訊】贊育醫院最近接連發現怪胎兩具，其中一為孖胎，一般身體康健，而胎兒名兩足四手，為胎兒驅毀離之怪嬰……

《工商晚報》1949年6月14日報道，贊育醫院發現一對孖胎有四手四足。

今日潮汐	
漲：上午十二時十五	退：上午十一時四十
八分	五分
下午十一時四十	下午三時六寸
五分	四分
四尺	下午七時卅四分
七尺六寸	三寸
下午四時五十	

怪嬰
兩頭四手四足
情形殊怪，引動旁人圍觀甚眾

【本報訊】昨日下午七時許，九龍彌路一士打街，生投產一怪嬰，四手兩頭，其中一個另生有四隻手，腳兩隻，似屬于初……

《工商晚報》1946年7月8日報道，怪嬰有兩頭四足四手。

沒腦袋的怪嬰
昨在廣華醫院產房降生
軀體正常重量僅過三磅

【本報訊】一名無腦的怪女嬰，昨日午間於九龍廣華醫院內降生，這是一九五一年度新年的怪新聞……

《工商晚報》1951年1月4日報道，廣華醫院有一個沒有腦袋的怪嬰出生。

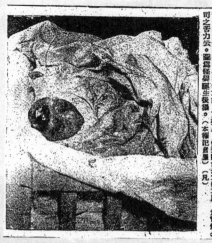

東華東院產婦誕下
無頭蓋怪嬰
醫生認定難捱過今天

【本報專訊】昨晚據報東華東院，有一產婦誕下怪嬰一宗。查該怪嬰係一男性，身體四肢亦如常，其奇異之處，頭部眼以上已付缺如，無眼蓋骨，又無頭蓋皮，惟腦部即突於頭以上，有若一紅色肉團，常有血水流出。但據生後仍能生存至明晚，惟醫生認定該嬰之存在，不能延遲至今日。查該怪嬰係於前日下午六時卅分誕下者。據悉怪嬰產婦入院，係住三樓病房康字房，名陳氏，卅二歲，新會人，此怪嬰產下一胎，首胎為女，於去年陰曆二月出世，與常人無異，詎料比部怪嬰之父名李姓名，卅九歲，東莞人，住飛鵝嶺車房司之苦力云。圖為怪嬰誕生後攝。（凡）

《工商日報》1951年1月24日，東華東院有無頭蓋怪嬰出生。

無頭蓋怪嬰夭折

【本報記者攝】昨日下午六時三十分，東華東院三樓三等病房一產婦，誕下一男性怪嬰，身體四肢如常，惟頭部則雙眼以上無頭蓋骨，亦無頭蓋皮，腦部突出附頭上，該嬰延至昨日下午在醫院內大折。該怪嬰之父名姓李，卅九歲，東莞人，住飛鵝台，錢苦力，母姓陳，卅二歲，此怪嬰係此第二胎，首胎為女，於去年陰曆二月出生，則與常人無異。圖為該怪嬰誕生後攝。（本報記者攝）

緊接《工商日報》報道，1951年1月24日當晚《工商晚報》有最新消息報道。

1963 大頭怪嬰

兩頭怪嬰

王嬌昨在東華
一連生產兩胎
怪嬰旋即夭折
醫院將製標本

昨日在東華醫院出生之兩頭怪嬰 廖源攝

《華僑日報》1957年3月7日報道，東華醫院有兩頭怪嬰出生。

東華醫院裡
陰陽怪嬰
不幸夭折

《工商晚報》1963年6月6日報道，東華醫院有「陰陽怪嬰」夭折。

新蒲崗溫玉瑩留產所內 發現畸形怪嬰

下體有兩具男性生殖器

圖為新蒲崗溫玉瑩留產所內發現的畸形怪嬰

《工商晚報》1965年7月24日報道，新蒲崗留產所有兩具男性生殖器怪嬰。

人頭蛇身怪嬰

謠傳瘋魔西貢　羣眾湧往醫院　大批警察出動

《工商晚報》1969年11月23日報道，謠傳「自由醫院」有人首蛇身怪嬰。
報道指怪嬰被美國醫官「購去」，運往美國醫院。

1963 大頭怪嬰

「怪嬰」報道，在戰後到 1960 年代着實不少，中外新聞亦有收錄在當時的報章刊登。如果想整理相關紀錄的讀者，不妨慢慢在網上找尋關鍵詞細閱。值得探討的是，對這些報道似乎對時人有相當吸引力，一如報道中的描述「引動旁人圍觀」（見 1946 年），又或者「群眾湧往醫院」（見 1969 年）。當時人對怪異的現象充滿好奇，欲一看究竟。套用今天的說法，大家都愛「食花生」。

但傳說似乎複合了不少傳說。如始作俑者的聽眾 Jeffery 的口述，說起當年在西營盤佐治五世公園踢球，在撿球時發現怪嬰。當中劇情，多少與在佐治五世公園撿到骨頭的情節類似（見本書〈高街鬼屋〉一文）。考慮到要發現「大頭怪嬰」的話，就要找一找最近的醫院，要有產科的，就是西營盤贊育醫院。不過在此也說明一下，舊贊育醫院在 1955 年前，在西邊街。1950 年

7 月 9 日《工商晚報》的報道，可以看到舊贊育醫院可謂該區重要的產科醫院（見右圖）。

直至 1955 年 6 月 13 日，贊育醫院才由西邊街遷往醫院道現址。所以，如果計算距離，「大頭怪嬰」應當是最近的醫院道贊育醫院出生。即事件發生在 1955 年之後。那也沒錯，敘事者說是在 1963 年發生。但是找不到相關報道。

不過，「怪嬰」在那個年代報紙屢見不鮮。一來是戰後嬰兒潮出現，人們對於嬰兒出生的不同怪異現象，着實關注不少。然而，人們對醫學認知不足，便將不正常個案及現象「恐怖化」。加入對前世今生的想像，加入罪孽因果論、輪迴論等（即使今天，也是如此）。

舊贊育醫院門口，現為西區社區中心。

以筆者有限認知，嬰兒「腦積水」或「變形桿菌綜合症」也會出現「大頭」的情況，以現代的醫學，有些情況還是能解決。故此，即使「人首蛇身」的報道（見 1969 年），嬰兒真的是送往美國醫院，是「醫治」還是「實驗」，為人父母者對小孩的關顧，即使送往美國亦無不妥。不過後來被說成傳說，或許也演變成美國爭奪怪嬰進行實驗。咦？有人曾說大頭怪嬰出生之後，也被送往美國進行實驗。不知，是否參考了這則報道呢？

由此看來，追尋真相原型有不少難度，但信者恆信，不信者則不信。

THIS STONE WAS LAID BY
HER ROYAL HIGHNESS
THE DUCHESS OF KENT
C I. G.C.V.O. G.B.E.
28TH OCTOBER 1952

新贊育醫院大樓，有石碑記述新醫院為 1952 年奠基。

1998

冤魂問路藏暗示

潘啟聰

撞鬼經驗談

　　為了寫這本書，我有一段時間見人就問：「有無撞過鬼？有無經歷過哪個都市傳說？分享給我聽啦！」不過，未知是幸運還是不幸，無的遠超於有的。

　　説到身邊的人分享給我的鬼故事或都市傳説，我記得我取笑過我的學生。對！是「取笑」，因為未聽過一個這麼不像樣的鬼故事。那年，我班裏有部分學生因參加系會，而需要試寫校報。他們其中有一個專欄，分享了其中一位成員的「靈異」經歷。專欄的故事講述那位同學在學校某座大樓二樓女廁中遇上了靈異事件。她伸手到自動感應的水龍頭前，水龍頭都沒有出水。結果，她感到不耐煩了。正要轉身離去時，水龍頭突然出水了。當她邁步離開洗手間的時候，她感覺到手肘被人拍了一下。故事就此結束。我在上課時取笑她説：「你知道我上星期六遇上甚麼嗎？」她當然不知道。我繼續説：「我在荃灣熊貓酒店樓下的吉之島逛街。上廁所後洗手時，伸手去第一個水龍頭，水龍頭無水。伸手去第二個水龍頭，第一個出水，第二個無水。伸手去第三個水龍頭，第二個出水，第三個無水。如是者試了四五次我才有水洗手。你猜我心裏想甚麼？」她答：「好邪？好恐怖？」我説：「當然是……心裏不停罵物業管理處，為甚麼沒有把水喉修好！」又説：「你這經歷都叫撞鬼……我的叫撞惡魔了……」

　　這樣看來，有一種鬼是我們經常碰上，其名字叫「疑心生暗鬼」。不過，如果是多人遇上同一件事，那麼又如何解釋呢？

冤魂問路藏暗示

　　據報在 1998 年，有九龍灣站職員遇上三名婦人與兩名十多歲女童向其查詢乘車路線：「請問，我們應該如何乘車才可

以去到湖北省武漢市通城縣?」職員教她們到九龍塘轉乘九廣鐵路回內地,並在回答她們後目送她們上列車離開。

數星期後,職員閒聊間發現有幾名同事都遇上過同一個情景。他們忽然想起了一樁轟動全城的新聞,然後去查閱報紙。結果,查閱結果嚇得他們魂不附體。職員在閱報時赫然發現她們正正是德福花園五屍命案的受害人。此番「奇遇」輾轉傳到位於九龍灣地下鐵車廠中央車務控制室旁的地鐵警察控制中心。最後,警方將「婦人問路」的訊息告知負責的內地公安。果然在個多月後,公安於湖北省武漢市通城縣找到及拘捕兇手。

都市傳說是種古怪的存在

未知讀者們讀到這裏,有沒有一兩個故事能令你信以為真呢?

其實，有沒有想過，今時今日講鬼故事、講都市傳說，與世界科學化的潮流和趨勢有點格格不入呢？然而，現代人教育程度越來越高，事事講文明講理性。靈異事件、都市傳說、占卜算命等事物卻從未消失於人類文明之中。為甚麼呢？

有讀者可能想，只是中國人迷信吧？我可以告訴你，不是呢！在著名社會學家貝格爾（Peter Ludwig Berger，1929-2017）《天使的傳言》（*A Rumor of Angels*）一書中，他轉述了一些外國有趣的研究數據，如：德國一次民意調查中，只有 68% 的人說他們相信上帝，但是卻有 86% 的人承認他們會祈禱；又例如，時至今日，仍有 50% 的受訪英國人找過算命先生、六分之一的人相信幽靈、十五分之一的人宣稱見過鬼魂！

賞善罰惡的都市傳說

上一節講的提及了冤魂助警破案的都市傳說，說穿了是一個受害人沉冤得雪、壞人惡有惡報的故事。其實，我們不難留意到，不少鬼故事和都市傳說都有一些「善有善報，惡有惡報」的價值觀在其中。民初時，江北泰興就有一個典型的例子：

民國十二年，江北泰興有惡霸名為施慶鐘。由於經常胡作非為，加上生性兇悍，鄉民畏之若虎。忽一年，施氏病重不起。一雲水僧正好路過，見施氏命在旦夕，勸他說：「你平日無惡不作，死後一定會轉世為豬。還是趁早懺悔彌補罪過吧！」施氏聽畢，惶恐萬分。不想轉世為豬，欲聽從雲水僧之言懺悔。可惜，病入膏肓，只能勉強伸出左手做個懺悔的樣子。幾天之後，施氏離世。死後的第七天，隔鄰家母豬誕下一隻怪豬。小豬的前左腳生得與人的左手一樣。施氏家人想

起雲水僧在施氏床前之話：「你僅以一隻手禮佛，還是難脫轉世為豬，不過⋯⋯你的左手還是可免生於豬形⋯⋯⋯」因而深信此豬為施氏轉世，於是買下了這隻豬，送到上海市的大廟寶華寺放生[1]（原文見下頁）。

反映出人類對秩序的渴求

那麼，貝格爾是如何解釋他留意到的這個現象呢？

在《天使的傳言》中，他是這樣說的：

> 在可觀察到的人類對秩序實在的渴望中，存在着賦予宇宙範圍以這種秩序的內在衝動，這種衝動不僅暗指人類秩序在某些方面與超越於它的秩序相對應，而且意指這個超驗的秩序具有如此特徵，以至於人能夠把自己和自己的命運託付給它。[2]

總的來說，貝格爾認為人在面對苦難時，科學的世界觀安撫不了人心。因此，現代仍存在着宗教、占卜、鬼文化等事物，原因是它們為人們提供一種可依靠的秩序去理解世界，並具有安撫心靈之效。回到都市傳說裏去講，我們可以在當中見到人對於秩序的渴求。面對現實生活，人生注定是要面對苦難。可是，在科學的世界觀下，我們可以為苦難的發生找到一個令人滿意的解釋嗎？今日，如果在你身上發生了一件令你難以自持的苦難事件，「或然率」、「醫學報告」、「數據分析」等解釋可以支撐你的心靈需要嗎？誠然不能。反

1 此新聞的原圖可參看〈善惡有報　輪迴轉生動物還債真人實事〉，《大紀元時報》（網絡資源：http://www.epochtimes.com），瀏覽日期：2019 年 2 月 17 日。

2 貝格爾著、高師寧譯：《天使的傳言：現代社會與超自然再發現》（北京：中國人民大學出版社，2003 年），頁 65。

過來說，「神的旨意」、「冥冥中自有主宰」、「舉頭三尺有神明」、「人之為善，天能賞之」等說法倒是對於人的心靈有安慰性的意義。故此，我們不難留意到這些價值觀滲透在不少鬼故事和都市傳說之中，成為反映出人類渴望秩序的一種獨特文化產物。

附錄

《人畜輪迴之鐵證》 狄子平

江北某甲，性凶厲，民國十二年時，忽大病，適來一雲水僧語之曰：「爾因作惡多，死必墜豕身，宜速懺悔。」

某甲時病已垂危，聞之悚然，乃以左手向僧作禮，如僧家之半合掌式。僧曰：「只此一手，誠心禮佛，此手可免現豕形。惜哉，僅此一手也。雖然，因此亦可免除一刀之苦矣。」

旋卒，時近鄰即生一小豕，前面之左腳仍為人形。行時此腳不著地，時時對人作合掌之狀。其家人贖得之，送至上海大場寶華寺放生園內，計今已十年矣。余往該寺見之，詢知其顛末，由鏡華照相館攝得其影，因為題記。狄平子誌。

諸惡莫作　眾善奉行
持齋念佛　戒殺放生
三界無安　猶如火宅
欲求出路　急奉佛法

2000

海防博物館
驚魂夜

潘啟聰

「文中」愛行博物館

作為一個文青⋯⋯嗯⋯⋯我都好像不「青」了⋯⋯我更正⋯⋯作為一個「文中」，我很喜歡參觀博物館。小時候可能受《翻生俠羅館》（*Night at the Museum*）影響吧？每次行博物館的時候都幻想着博物館的展品會忽然四處走動，然後由一眾館員驚惶失措地抓回展品。到人大了，我開始學會「欣賞」展品。這個「欣賞」，並不是像專家一般，懂得鑑賞古玩，而是知道展品是有歷史之物，會一邊觀看展品時，一邊想像它最初與物主的種種互動。這彷彿能讓我與古人有一點點的交流。當然，參觀博物館還有一種獵奇的心態，就是要去看奇異特殊的事物。因此，如果我因為公事的原故獨自到外地，通常我都會去參觀博物館。

與惡魔「Skype」

説到這麼多年參觀博物館的經驗，我印象最深的算是台北的故宮博物院了。裏面有一面用黑曜石打磨而成的鏡子。我一看到它，就知道它最適合作召喚儀式用了。我這裏要講的召喚儀式，並不是甚麼碟仙、「血腥瑪莉」、「Charlie Charlie」這一類召喚儀式，而是完全不同檔次的對象——惡魔。曾有間具宗教背景的書室把《哈利波特》下架，原因是怕當中的咒語會召喚魔鬼，教壞孩子。我就想，做決定的人一定不懂召喚術為何物。作為恐怖事物的愛好者，我當然有讀過真正的魔法書。以前有學生問我試過進行召喚沒有。我回答他説，我太窮了，當不了魔法師。

你想在現代當個召喚儀式魔法師，你首先要很富有。因為綜合不同的魔法書（例如《所羅門的小鑰匙》、《大魔法書》、《萬魔殿》等）所示，惡魔召喚術屬儀式魔法。儀式

黑曜石鏡子，相傳可以用來召喚惡魔。

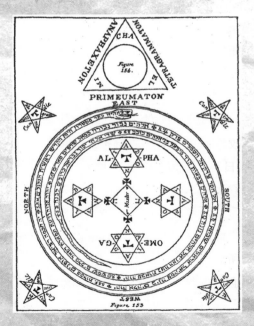

載於古書內的魔法陣圖

魔法對於場地設置、用具，甚至是製作用具的材料都異常講究。以左圖為例，它是載於《所羅門的小鑰匙》的召喚魔法陣。別以為隨意畫好後，用手拍拍它或用魔杖敲敲它便可以把惡魔召喚出來。它可是一幅室內設計圖！光是圖中有蛇盤纏着的圓形，其直徑已是九尺之闊，其中心為施術者站立之地。施術後，惡魔不會在施術者前現真身，而是會在鏡中顯現，好像在跟你 Skype 一樣。施術者需要在前面三角形的中心位置放一面鏡子。不少的資料都指用黑曜石打磨而成的鏡子是最好的。因此，當我在故宮博物館中看見黑曜石鏡子時，我就想起了《所羅門的小鑰匙》的召喚術呢！

嚇走保安員的海防博物館

當然，這次要講的都市傳說不是在故宮博物館院發生。我對魔法還未至於熱衷到一個地步，在故宮博物館裏進行了惡魔的召喚儀式。不然的話，大家認識我的媒介就不是這本書，而是新聞報道了，標題為：「某大學講師企圖在博物館召喚派蒙[1] 疑神經失常被送精神病院」了。今次要講的是香港的海防博物館。

海防博物館位於港島的筲箕灣區，乃由具百年歷史的舊鯉魚門炮台改建而成。這座炮台還曾經參與過戰事。1941 年12 月 8 日，日軍襲港，英軍當時立即加強鯉魚門的防衛，防止日軍渡海登陸。可惜，炮台雖曾多次擊退日軍，可是由於實力相差甚遠，炮台終在 12 月 19 日被攻陷。戰後，炮台仍被英軍用作訓練基地至 1987 年。前市政局在 1993 年決定改建炮台為一所以香港海防歷史為主題的博物館。計劃耗資約三億港元，並於 2000 年 7 月 25 日正式開放予市民參觀。

2000 海防博物館驚魂夜

1　派蒙（Paimon、Paymon）：所羅門王七十二柱魔神中排第九位的魔神。

海防博物館新的一頁早於其正式開放前已經揭幕。在博物館正式開幕前夕，有數名自稱海防博物館保安員的聽眾分別致電電台深宵節目，道出當值時的撞鬼經歷。他們的經歷包括：目睹僅得半身的人在半空飄浮、不時聽見女性的尖叫聲、又聽到該聲音叫他去死、見到一位在海邊剛上岸老婦轉眼間已登山頂等。致電電台的保安員當中，更有人表示他嚇得立即辭工。縱然是毀約並需賠款，他也要立即離開。

是公關災難還是真有其事？

博物館前身為軍事用炮台、有過百年歲月、曾與日軍對戰等特徵本來已經是滋生「鬧鬼傳說」的最佳設定。加上「保安員」的親證、電台及報章的關注，海防博物館鬧鬼的都市傳說能不廣泛流傳嗎？說實話，保安員在電台節目上的分享屬真屬假，我真的無從分曉。不過，我反而覺得，館方對此事曖昧不明的態度和不太高明的公關手腕則肯定是此都市傳說不脛而走的催化劑。據悉當時的香港歷史博物館總館長丁新豹教授已於 2000 年 7 月 25 日在《星島日報》上作出澄清。丁教授表示博物館前陣子因紀律問題辭退了十五位保安人員，不排除這是有人心生不忿傳出的流言。可是，據《太陽報》後來的報道，館方為令員工安心工作，已經進行拜神儀式。如果館方在丁教授的澄清後沒有任何動作，也許這個都市傳說便能就此止息。然而，面對總館長所指的「流言」，館方仍然願意藉由拜神儀式以安員工之心，試問這不是正在為這都市傳說繼續流傳提出所需養份嗎？

2000 海防博物館驚魂夜

2004

通往異空間之門

潘啟聰

升降機是異界之門？

在 1996 年，香港發生了一場嚴重的火災。在 11 月 20 日，嘉利大廈的五級大火，導致多人被困、逃生無門。火災最終釀成 41 死 80 人傷的慘劇。

令人好生好奇的卻是女歌手陳慧嫻在電台上的一次訪問。在火災發生前，陳慧嫻接受過電台訪問。她曾在當中透露一件頗為靈異的經歷。有一日，當她在嘉利大廈乘搭升降機回去寶麗金唱片公司的樓層時，升降機沒有在該樓停下層，卻停在她公司的上一層。當升降機一開時，她見到前面只有一片漆黑的牆壁。她心中思疑是樓上因裝修工程故，而用黑色板阻擋升降機門，以免閒人進入。後來，她順利回到公司，她與同事閒聊時，順道問樓上是否正在裝修。同事卻指當時整幢嘉利大廈都沒有進行任何裝修工程。

事件傳開以後，不少出入該幢大廈的人都表示，在火災發生的前數天，他們都有相類似的經歷。例如，升降機去了錯誤樓層、門打開時看到黑色人影等。再加上陳慧嫻的經歷在以訛傳訛的情況下，更添了幾分靈異和恐怖的感覺——有一說指她在升降機門開啟後，見到該樓層一片頹垣敗瓦，像是大火燒過後的景象。結果，嘉利大廈的升降機可能令人穿越異度空間的傳說不逕而走。眾人謠傳慧嫻和其他人可能是經升降機穿越到火災後的嘉利大廈。其實在 2013 年 5 月 22 日的電台節目《一切從音樂開始》中，陳慧嫻再次談及過這經歷。在她口中，事情與靈異一點扯不上關係。首先，她指出該大廈的升降機本來就常常出現問題；再者，那天她見到的不是頹垣敗瓦，而只是一片漆黑的牆壁。按照她的估計，升降機門開啟時，升降機應該是位處兩層之間，故此她才會見到一片漆黑的牆壁。

升降機傳說從未停止

　　其實，有關升降機的都市傳說一直都未有停止過。2004年有日本網民把自己的經歷跟其他人分享，指升降機帶了他去一個天空是紅的、四周是黑暗的、完全嗅不到「活着」氣息的世界。2013年華裔女生藍可兒在乘搭酒店升降機以後離奇失蹤，最後屍體被發現在酒店水箱內。2016年有一位大學生在網上發帖，指他在學期末約朋友到台中第一廣場裏的 KTV 唱歌。誰知升降機不但沒有在他按下的七樓停下，而是停在四樓。門打開後發現那處是一片焦黑的地方。可是，他回到一樓後再上七樓時，有三名國中生進入升降機並按了四字。這次門再次打開以後，卻見到一間網吧。2017年重慶永川有醫院實習生張亞群在進入升降機後忽然消失，翻查閉路電視後，發現她再沒有走出升降機，之後便一直失蹤。可見，與升降機相關的都市傳說從未停止。

　　在 2015 年，網上忽然流傳了一個傳說。據網路上現存的資料所述，那是來源自韓國，名為「最危險的遊戲」，副標題是「乘電梯去另一個世界」。文章一開首就提醒讀者：「如果要玩這個遊戲，風險自負」。內容大致上是藉某種抵達不同樓層的先後次序，從而最後達到打開通往另一個世界大門之目的。有關那個傳說，現在輯錄如下[1]：

香港 都 市 傳 說 全 攻 略

1　參看〈恐怖過碟仙！「世界上最危險的遊戲」利用電梯讓你找到另一個世界⋯⋯〉，《熱新聞》，2016 年 3 月 16 日（網絡資源：http://yes-news.com），瀏覽日期：2019 年 2 月 16 日。

一、遊戲的條件

1) 玩家一名
2) 一座房子
3) 這座房子要至少十層樓高
4) 這座房子內要有電梯

二、進入另一個世界的方法

1) 進入你所選擇的房子，獨自進入一樓電梯。如果電梯內有其他人，請不要繼續；

2) 按下四樓按鈕；

3) 當電梯到達四樓，不要出去，留在電梯裏，按下二樓按鈕；

4) 當你到達二樓，留在電梯裏，按下六樓按鈕；

5) 當你到達六樓，留在電梯裏，按下二樓按鈕；

6) 當你到達二樓，留在電梯裏，按下十樓按鈕；

7) 當你到達十樓，留在電梯裏，按下五樓按鈕；

8) 當你到達五樓，一名年輕女子可能進入電梯。別看她，不要和她說話。她不是她看上去的那樣。切記！

9) 按下一樓按鈕，如果電梯開始上升到十樓，而不是下降到一樓，你就可以繼續。但如果電梯下降到一樓，那麼電梯門一開，你就應該出去，不要回頭，不要說話；

10)如果到達十樓，你可以選擇出電梯，或留在電梯裏。如果你選擇出電梯，而年輕女人此前已經在五樓進入電梯，她就會問你：「你要去哪裏？」不要回答她，不要看她；

11)判斷你是否已經到達另一個世界的惟一標誌，就是：「你是這裏惟一的人」。

三、返回自己的世界的方法

如果之前電梯在十樓時，你選擇留在電梯里：

1) 按下一樓按鈕，如果它不工作，按住它，直到它有反應；

2) 當電梯到達一樓，電梯門一開，你就應該出去，不要回頭，不要説話。

如果之前電梯在十樓時，你走出了電梯：

1) 你必須使用和之前相同的電梯返回自己的世界；

2) 當你進入電梯後，也要按照特定順序按下按鈕，方法和「進入另一個世界的方法」一樣，並到達五樓；

3) 當你到達五樓，按下一樓按鈕，電梯將再次開始上升到第十層，這個過程中你必須按下其它樓層的按鈕，取消上升；

4) 當你到達一樓，仔細觀察周圍的環境，如果感覺有甚麼不妥——哪怕是最小的細節，也不要走出電梯。此時你應該重複「進入另一個世界的方法」，直到你確信已經回到了自己的世界，然後再走出電梯。

在世界各地都有不少的 YouTubers 嘗試挑戰這「最危險的遊戲」。以我曾觀看過的影片而言，「五樓的女人」從未出現。不知道各位讀者們會不會見到升降機時想起這傳説呢？又或者，你是自詡膽大包天之人而躍躍欲試呢？不過，縱然你想挑戰這都市傳説。挑戰之前，別忘了樓上樓下會有正在心急等升降機的街坊。還是別打擾他人生活吧！得罪街坊，後果自負喲！

越趨貼身的都市傳説

未知讀者們有沒有留意到，香港的都市傳説有一種越來越貼近日常生活的趨勢？以前的盧亭魚人、七姊妹故事、某戲院全院滿座等事，你總不能夠説要碰上就能碰上。可是，

近年來流傳的都市傳說卻都是一些日常生活經常接觸到的事物，包括升降機、鏡子、手機程式等。再者，近年流傳的都市傳說亦往往有受害人或恐怖角色在敘事之中。就以台中第一廣場升降機都市傳說為例，據當事人所述，他回家後在互聯網上查看，試找找有沒有人遇上過同類型事件。結果，真的被他找到了，但最震撼他的是留言者的一句：「我朋友失蹤到現在還沒找到⋯⋯」。有恐怖角色、有受害人加上日常生活的故事背景，這種敘事方式讓我想起香港現代的短篇鬼故事。或者，了解香港現代短篇鬼故事的敘事手法對我們了解香港近來的都市傳說會有幫助。

也許讀者們並不知道，原來香港的短篇鬼故事曾經有所「轉型」。據人類學學者林舟（Joseph Bosco）研究所得，香港現代的鬼故事文化甚有特色。以往，不少的鬼故事都隱含了教育的意味。可是，在第二次世界大戰以後，情況開始改變。鬼故事的流傳和講述盛行於年青人之間，儼如一種獨特的青年文化。講者以嚇人作為講述鬼故事之目的，並以見到聽眾表現出驚恐的反應為樂。例如，在大學迎新營中，高年級學生講述校內的鬼故事去嚇新生乃司空見慣之事。

作為一個恐怖故事的強烈愛好者，我曾經對廣泛地閱讀香港現代短篇鬼故事的敘事手法作出研究。我想知道，作為「以嚇倒人作為目標」的文學作品，這一類故事內含甚麼元素令其達到目的呢？

為了進行這項研究，我廣泛地閱讀了來自不同作者、來自不同流傳媒介（包括了大學生間流傳、電台廣播、互聯網等）的香港短篇鬼故事。數量幾乎可以獨霸我辦公室裏一層書架了。老實說，在那段文獻回顧的時間，這項研究害得我晚上都不太敢去廁所。但研究所得甚為有趣，也算不枉我費了一番苦功。

令恐懼蔓延到生活中

經廣泛的閱讀發現，香港現代短篇鬼故事即使是寫自不同作者、即使是來自不同媒介，它們都不約而同地出現一些一致性的敘事手法。當中包括：

一、主角往往一個是普通人；

二、不太誇張其亦要有能力加害他人的恐怖角色；

三、日常生活的場景作故事發生的背景；以及

四、未完的故事結局。

第一、如果故事主人翁是一個是普通人，那麼讀者就更容易代入其中，感受當中驚恐的氣氛。第二、如果恐怖角色的設定過於誇張，讀者甫一產生：「不太可能吧？」的感覺，故事引起恐怖感的能力定必大打折扣。第三、故事絕大多數以讀者生活的場景作背景，如大學飯堂附近的路、宿舍房間、學校圖書館、公司女廁等。其目的是要告訴讀者超自然的、未可知性質的恐怖角色就存在於你我日常生活之中，只是大家平常的視野太窄，未有顧及它們的存在。可是，只要機緣巧合，又或者我們在生活中稍有不慎，冒犯了故事中的恐怖角色，落得故事主人翁的下場也是可能的。最後，這類故事的敘事結構多數以「懸疑」或「未完之事」作結。這主要有兩個目的：一、以「未完之事」作結或能在讀者身上產生「蔡加尼克效應」（Zeigarnik effect）[2]，令讀者印象加深，更容易在之後憶起故事內容；二、由於故事未完，故事引起的緊張情緒會繼續保持下去，加上故事發生的背景就在讀者周遭，這種敘事手法令讀者閱讀時感到恐懼，而在閱畢故事

---

2 心理學家蔡加尼克（Bluma Wulfovna Zeigarnik, 1901-1988）在 1927 年進行了一項關於回憶的實驗。按他的研究所得，比較已完成的事，個體更容易回憶起未完成的事。這種效應被命名為「蔡加尼克效應」（Zeigarnik Effect）。

之後恐懼感更會蔓延到讀者的現實生活去。

　　我將這現象稱之為「恐懼蔓延」，其意思是：當讀者在日常生活中遇上類似的場景時，他們會回想起故事內仍未消失的恐怖角色或未被解決的靈異事件，繼而在現實生活延續故事引起的恐懼感覺。

　　若置都市傳說的真假不談，先都把它們當成文學作品來看待，似乎，由敘事的設計看來，現在講述都市傳說的人很希望把聽眾們嚇倒呢！

林舟的論文著作：

Bosco, Joseph. "The supernatural in Hong Kong young people's ghost stories." *Anthropological Forum* 13.2（2003）: 141-149.

Bosco, Joseph. "Young People's Ghost Stories in Hong Kong." *The Journal of Popular Culture* 40.5（2007）: 785-807.

【影片】通往異空間之門

2005

西貢結界

潘啟聰
● ● ●

西貢行山遇結界

　　讀者們愛行山嗎？我小時候算是喜歡吧！（我甚是想念的）爺爺是一名花農，爸爸每逢周末都會到爺爺的花園幫忙。我的童年可是有不少時間滿山跑。青少年時期，我那猴子般的身手也是那個時候鍛鍊出來的。現在……我工作的學系每個學期都會辦一次行山……我……一次也沒有出席……以免獻醜……

　　提到行山，以前曾在好友阿賢口中聽到一個他的親身經歷，我現在仍記得很清楚。阿賢是一名童軍領袖，間中需要帶領他的小隊行山考章。有一次，大約在9月左右，他又要帶着他的小隊行山。由於時間問題，他們一行人需要在晚上趕路。走到山腰的位置，他們忽然見到遠處有些幽幽的、淡黃色的光在飄盪。他們心裏想：「不是那些『好兄弟』（鬼）吧？農曆七月不是早過了嗎？」由於下山的路只有一條，他們也只好硬着頭皮走過去。當他們越走越近，他們全都看到一群臉上泛着淡黃色光的小孩在遊玩。他們一邊加快腳步，一邊心裏唸：「我們只是路過！不會打擾你們！」當經過那群小孩旁邊時，他們清楚地聽到一句話：「他們是人啊！」聽到此句，他們嚇到魂都丟了！趕緊急步向前跑，想盡快逃離那群小孩。大約走了二十多尺，他們發現在一排竹林之後，有一群成年人正在燒烤。阿賢他們忽然明白自己見到的是甚麼了：臨近中秋，一群人扶老攜幼的正在郊外賞月。成年的在燒烤，小孩們在不遠處玩螢光棒。螢光棒令小孩們的臉上泛着淡黃色光。小孩看到從遠處而來的阿賢一行人，以為他們是鬼。當他們靠近後，才知道他們是趕路的童軍，故放心地說句：「他們是人啊！」阿賢的這段經歷是我一個印象最深的「鬼故事」。

　　談到行山的都市傳說，不得不提的是西貢結界。原本我對西貢結界的傳說是一無所知的。有一次期末考，監考期

間百無聊賴，與一位同場監考的同事閒聊時聽回來的。那位同事叫阿禮，是一位教中史的講師，同時是一位行山的愛好者。他認識一些前輩，他們不僅是行山愛好者，更加入了一些自發性的搜救團隊。阿禮説他聽一些前輩的分享時，提及過西貢結界。前輩接報有人在西貢行山時迷了路，於是便出發救人。在抵達現場之後，那位前輩曾用手機聯繫了那迷路人士。可是，在對話斷線之前，對方所描述的環境及座標都是西貢沒有的。結果，搜救無功而回。山上完全沒有那迷路人士的痕跡，他像是消失得無影無蹤。阿禮繼續説，正因為他聽過這段經歷，結果可謂救了他一命。有一次，他與友人到西貢行山。走着走着總覺得不太對勁。明明他對西貢已十分熟悉，可是那天總覺得沿途景色不太一樣。之後，他見到山上有間小屋，屋旁有支看起來很舊的電線桿。那時，也許因為太累了，他沒有想到有甚麼怪異之處，只是想登上較高的地方看看自己身處何方。然而，他們已經向山上走了一段時間，看起來卻沒有與小屋拉近距離。他忽然回想起那位前輩的分享。之後，他們就決定一直向山下走，嘗試找到一些他們認識的地標。結果，他們成功地找一條小溪，再沿大網仔路離開。回到家後，阿禮與其他前輩談及當日見到的景物，大家都異口同聲說未見過那間小屋。阿禮每次談及此經歷都心感不安。假如那天他繼續朝那方向走去，現在好可能失蹤名單上就添了他的名字了。

西貢果真有結界？

　　香港地勢比較特別，一方面大部分的面積是郊野，另一方面其他地方又高度發展，郊野與市中心往往近在咫尺。因而吸引了不少喜愛行山人士來港，就連著名的旅遊指南《孤獨星球》（*Lonely Planet*）亦將香港譽為「亞洲十大旅遊勝地」

之一。因此，在香港發生登山人士 失蹤事件並不罕見。那麼，西貢又有何特別之處？「西貢結界」一名又從何而來呢？

縱觀現存的報道與網上資料，西貢被冠上「西貢結界」、「西貢百慕達」、「西貢異域」等名，可追溯到 2005 年的一椿失蹤案。在 2005 年 9 月 11 日，休班探員丁利華在西貢北潭涌郊野公園行山時，懷疑迷途失蹤。他曾用手提電話致電報警求助。可是，他與警員傾談了七分鐘也未能確認其身處的位置。最後，更因訊號問題而失去聯絡。最令人感到詭異而不以一椿普通的失蹤事件看待的原因是丁利華與警員那七分鐘的對話內容：

（以下內容由報章上節錄下來）

接線生：999

丁：我係行山㗎，係西貢 586⋯

接線生：咩事呀！

丁：我行山，迷途呀！

接線生：你迷途呀？咁你喺邊呀！

丁：我而家位置 48（停頓）7020。

接線生：487020 呀？係咪標距柱？

丁：係，係果個咩柱呀？

接線生：487020 呀嗎？你慢慢講，喺乜野地方？

丁：等等⋯⋯

接線生：你係咪行麥理浩徑呀！

丁：係，冇錯！

接線生：你行緊邊一段？

丁：西貢東。

接線生：西貢東，西貢嘅東面，由邊度出發。

丁：由西貢北潭涌，行咗兩個幾鐘頭，但係蕩失路，而家企咗喺過咗 58⋯5870 嘅主要嘅路

接線生：5870 幾？頭先你又話係 487020。

丁：仲差少少咋！

接線生：有冇見到 M 幾多，你見唔見到呀？

丁：仲差少少路程！（相隔 30 秒）

接線生：你見唔見到 M001 呀，M011、M030 呀？

丁：你等陣先！（很多雜音）

接線生：你淨係見到個 number，咁個 number
　　　　（487020）刻喺邊度呀？

丁：唔係啲柱，係密碼。

接線生：乜嘢密碼？

丁：可能我讀錯密碼！（接收差，很多雜音）

丁：你快啲啦，個 number 係⋯⋯

接線生：你停喺度，你有冇扭親腳？

丁：頂唔順呀！

接線生：要唔要救護車？

丁：要！

接線生：你係唔係要救護車！

（接線生接駁至救護車，然後接線生與救護員通話及
救護員問位置，隔 20 秒）

丁：救命呀（相隔 5 秒）救命呀！

救護員：你要話比我聽你喺邊！

丁：最慘我唔記得條路！

接線生：先生呀，喂？喂？喂？

丁：救命呀（相隔 3 秒）救命呀！

（斷線，丁再無對話）

丁利華留下這段對話後就一直杳無音訊。不論是警方還是民間搜索隊，全部都無功而還。丁探員至今仍然下落不明。古怪的數字、難以支持下去（粵：「頂唔順呀」）的呼救、幾聲救命後斷線⋯⋯以上這些都令人匪夷所思。「丁利華行山時不慎闖入結界」之說不脛而走。報章的舊事重提、網路上的討論、靈異節目的廣播，甚至有小說（如《失蹤》、《人間蒸發 —— 香港郊野失縱實錄》）皆以此事為題，都使得「西貢結界」的都市傳說至今不衰。

2005 西貢結界

【影片】西貢結界

2011

達德學校

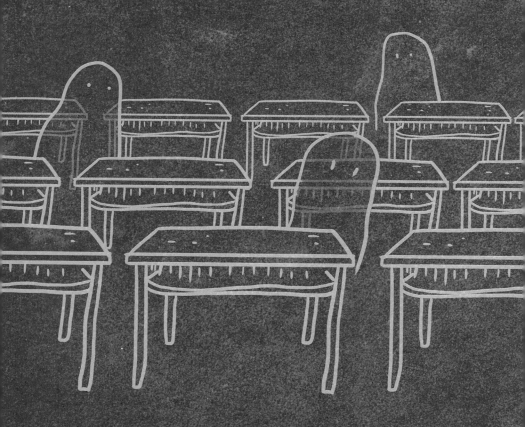

潘啟聰
• • •

達德學校玩生存遊戲

未知大家有沒有玩過「生存遊戲」（War Game）呢？我就勉強算玩過吧。

小時候，我很喜歡和朋友們在屋邨裏拿着模型槍你追我逐，射擊對方。我還記得在中學二年級的時候，有同學狡猾得很，常常被擊中後都不認輸。結果，我們每次都瞄準他的後腦射過去。大家都想：「你最好就繼續賴皮，我們可以再射！真痛快！」結果，他沒忍着痛，「哎呀！」一聲的叫了出來。他不認輸也不行！太可惜了！

中學的時候，我有位朋友叫恩傑。他很喜歡玩生存遊戲。他買了不少專業的貴價器材，真的仿如去打仗一般，完全不是我在屋邨中玩模型槍的層次可比。聽他的分享，他喜歡到廢棄的屋邨裏玩。剪鎖、踢門和攻入單位令他有真實打仗的感覺。不過，上得山多終遇虎。他説有一次在黃大仙某座廢棄公屋裏，他們一隊人從外面剪鎖、踢門和攻入一個單位的時候，赫然發現有一位伯伯背負雙手遙望窗外景色。他們第一時間都只想到：「大件事了！把伯伯的鐵閘和大門都弄壞了，怎麼辦？」可是，他們越想就越感到不對勁。閘門是從外頭反鎖的，公屋又被廢棄多時。那位伯伯是如何出入那間屋的呢？他們都被嚇得面青唇白，立即衝出單位外。

正所謂「猴穿衫還是猴」，江山易改，本性難移。同學們不是沒有勸恩傑，提醒他不要到那些偏僻廢置的地方玩生存遊戲，可是他就是不聽。有一次，恩傑又跟着他的朋友去新界玩。新界又不是沒有仿真場景的射擊場，他們卻偏偏選了元朗達德學校去玩。一開始的時候，他們都沒有感覺到甚麼問題，一如既往地玩。恩傑與他的隊友進攻至一個課室，發現一名敵方隊員蹲在角落，似乎正在埋伏，伺機攻擊。恩傑和他的隊友衝進去，剛朝敵方隊員射了兩槍，就聽到課室外

有多人的腳步聲。恩傑一隊人連忙蹲下，再緩緩探頭去查看外面境況。不看還好，一看把他們都嚇個魂飛魄散。課室外走過的不是敵方隊員，而是七八個身穿日軍服的「人」。正當大家都不知如何是好時，其中一名隊友突然拋下一句「快逃呀」便奪門而出。大家不禁回望剛才的位置。這時才猛然發現原在課室裏蹲着的「敵方隊員」臉上竟沒有五官！恩傑與其餘的隊友嚇得連裝備都不要了，立即衝出課室，再衝出學校。他們一口氣跑到了大馬路上，在比較光亮的街燈照耀下才敢停下來。到了那兒，恩傑發現敵方一隊早就在那裏候着了。一問之下，原來敵方一隊在廁所附近位置，不停聽到一把女聲在他們耳邊喃喃細語，說她最憎恨打仗。走到操場時，更見到一個紅衣長髮的女人俯伏在操場中間望着他們。眼前的情景把他們嚇個半死，連爬帶滾地逃出來。他們在此不久就見到恩傑他們一隊人了。大家心裏都明白遇上了甚麼事。可是，礙於他們的貴價器材仍遺留在達德學校裏面，他們只好在街燈下坐一晚，等到天亮了、有太陽了才回去拾回他們的器材。

關於達德學校的傳說

達德學校創立在 1931 年，先是利用屏山的愈喬二公祠作為辦學場所，故祠堂門前的有「達期兼善，德修於身」的對聯作為紀念，而「達德」之名，亦早見於「達德約」（鄉村盟約）。故此，早年發展與鬼故事並無關係。其後，於 1963 年遷往屏山南北路建新校舍，1998 年停辦。[1]

及後，關於它的恐怖傳聞甚多，令它成為超自然愛好者

---

1 《東方日報》：〈12 人荒校靈探　初中生撞邪自殘、鬼鍊頸〉，「要聞港聞」，2011 年 9 月 20 日。

屏山公立達德學校為香港新界元朗區屏山一所已經停辦的小學，於 1931 年在
屏山愈喬二公祠創立。（香港傳媒提供）

的靈探熱點。傳說一指，1899 年英政府接管新界，不少屏山
村民為抗英軍而死，屍體被葬於山邊變成亂葬崗；而傳說二
是說，1941 年日本攻佔香港期間，大批屏山村民被日軍槍
殺，屍體全埋在學校的操場與校舍位置；傳說三，有說該校
曾有校長（又一說指是校長太太）於校內二樓女廁上吊自殺。
以上的傳聞都曾刊登在報章和書刊之中。[2] 不僅如此，在這個互
聯網發達的年代，達德學校的傳說更不絕於網民的螢幕上，
例如：〈（鬼故）達德學校　真人真事〉（香港高登）、〈今日睇
完本鬼故　收工去咗達德學校〉（LIHKG 討論區）、〈【真人
經歷】達德小學真係有野〉（香港討論區）、〈香港鬼屋介紹：
達德學校〉（香港公營房屋討論區）等。當中令達德學校猛鬼
傳說蜚聲國際的是美國有線新聞網絡（CNN）的《國家地理

2　《太陽報》：〈元朗靈異宗祠　達德鬧鬼女廁〉，「奇幻潮」，2005 年 12 月
　　24 日；東方日報：〈12 人荒校靈探　初中生撞邪自殘　鬼錄頸〉《要聞港聞》，
　　2011 年 9 月刊 20 日；〈CNN：元朗達德列亞洲十大恐怖點〉，香港傳媒〈要
　　聞港聞〉，2013 年 11 月 2 日；Shawn Chen：《不為人知的都市傳說：神
　　祕暗網、末日教派、恐怖怪談》（台北：高寶國際出版，2016 年），頁 162–
　　165；鬼差：《香港猛鬼撞邪校園》（香港：超媒體出版，2016 年），頁 6。

頻道》。《國家地理頻道》有一輯電視節目，名為《亞洲猛鬼實錄》（*I Wouldn't Go In There*）。節目由城市探險家兼網誌作家羅伯·喬（Robert Joe）主持，節目中主持人親身前往熱門鬧鬼地點探查，最後選取了十大亞洲恐怖地點。達德學校正是其中一員。被山墳包圍、滿地衣紙蠟燭及前身為亂葬崗的傳聞，這些都使得達德學校被羅伯·喬形容為「是出現鬼故及超自然事件的完美場所」。

關於達德學校傳說的來源與真偽大多數都不能考查清楚了。但是，反抗英軍接管新界的鄉民義塚，實另有他處，故此第一種說法屬誤。第二種說法，說是昔日日軍佔領時的亂葬崗，但建校時間遲至戰後 18 年有餘，當時擇地建校，選上亂葬崗，亦非合理舉動。另外，過去有報道指該校舊生說學校為鬼屋，亦實屬無稽。[3]

至於傳說三，上文提及的羅伯·喬也曾向警方查證達德學校並無自殺紀錄。但是，至今仍然沒有影響到達德學校傳說的名氣，一直不乏各界的超自然愛好者慕名而至，進行靈探活動。著名的電台 DJ 潘紹聰曾在 2011 年為其節目《恐怖在線》在達德學校進行戶外直播。至今仍有不少的 YouTuber 或 YouTube Channel 曾到那處靈探。在 2011 年 9 月，更曾有初中學生組成「靈探小隊」到達德學校靈探。結果，活動期間報稱撞鬼，其後出現怪異行為，有女生猛力自捏頸項及狂叫。也許，事情的真偽並不是最重要。這些人的好奇心和探索活動都會令這傳說一直延續下去。

---

3 〈達德學校最多猛鬼？鄧氏後人現身「平反」〉，《檔新聞》，【書局街】，2015 年 6 月 12 日。

2015
重複的太子站

潘啟聰
● ● ●

停不了的地鐵怪事

位於地下的交通工具，大部分車站和管道都長年不見天日，偶有更一些被廢置的車站。香港的地下鐵路一直都是都市傳說滋生的溫床。有關地鐵的怪事可謂一籮接一籮，從不絕於港人之耳。以下摘錄的一部分在坊間盛傳的都市傳說：

1. 有傳在 1970 年代，港鐵彩虹站與九龍灣站在通車前，一名電器工程人員在彩虹站的隧道口檢查電纜時死亡。由於身繫安全帶之故，屍體像在打鞦韆般擺動。其後，有列車車長表示在那隧道口看見一名男子在高壓電纜上打鞦韆。

2. 又有傳 1979 年之前，彩虹站的路軌仍在開鑿時，誤打誤撞地鑿開了鬼門關。測試行車時，職員發現由彩虹站出發到觀塘站的列車過了半小時仍未到站。向九龍灣站查詢時，那列車竟然連九龍灣站都仍未到達。透過通話機聯絡列車上的人卻只傳來沙沙的聲音。結果，列車再過十幾分鐘後才出現在彩虹站與九龍灣站間的駕空天橋上。最詭異的是，車上四名職員在離開駕駛室後，全都躺地抽搐、口吐白沫。四人送院後一直昏迷，兩日後死亡。

彩虹站的第三條路軌

3. 1981 年 11 月 11 日，各大報章爭相報道了一宗轟動全城的鬧鬼新聞！話說前一日下午一時三十分，油麻地站內發生了少女跳軌事件。司機及多名在月台上候車的乘客都報稱目睹事發經過。據報章所載，司機表示他感覺到列車輾過該女生。可是，警

方在搜索後一無所獲。網上更流傳了這個故事的「後傳」。「後傳」指當時有月台上有一名年輕女子，不只目睹事發經過，更赫然發現跳軌的女子跟自己長得一模一樣。她大嚇一跳，事後更是罹患怪病，不久便告身亡。

有關地鐵的都市傳說真的可謂數之不盡，還有荔景站的俑[1]、油麻地站少女跳軌、上環站的白衣少女、九廣鐵路鬼廣告、佐敦站內的鬼小孩、香港大學站牆壁上出現人臉等。讀者們有興趣的話，可以自己在網上一一翻查。

1　傳說有建築工人拐帶小童放入瓦缸內做「俑」，據稱工程中以「俑」做樁腳可以有效防止建築物倒塌。據說荔景站興建的初期就在隧道裏發現一些俑像。

重複的太子站

　　今次要跟各位讀者講的是一個名為「重複的太子站」的故事，這個故事在 2015 年 7 月有人於香港討論區發帖後火速成為熱話。該帖文迄今已有 756,134 瀏覽人次，1,171 個回覆。除了香港討論區外，有其他的討論區（如香港高登）都陸續有相類的帖文出現。其後，在 2016 年，更有小說以《重複的太子站》為題出版刊行。

　　這是一個典型的、因集體創作而出現的都市傳說。在原初的帖文中，發帖者僅僅問了一句：「搭地鐵，有無人試過咁？喺太子上車後，下一站又係太子。」網民之後的回覆倒是更為詳細。有部分網民理性地對此經歷作出分析，而有部分網民的回覆令事件聽起上來更靈異，為事件增添了不少神秘感。例如：「太子不是第一次有人講了」、「幾時幾分？列車裏有無其他人或鬼？」、「試過。但不是太子站，是旺角。在裏面轉了幾次都是旺角，之後上地面坐巴士走人」、「我試過看着一位女士到站後離開，誰知到達下一站後又見到她行入車廂，當時感到好驚訝」、「我在油麻地站試過。前後共出入了三次不同列車，每次都有開車，但是每次下一站都是油麻地站⋯⋯」、「聽過，有異度空間」、「這事流傳了很多年了。啲人話太子喺地下有個時空入口」等。

　　結果，自 2015 年以後，互聯網上「太子站」和「都市傳說」就再分不開了。綜合網上搜尋到的太子站都市傳說，包括了：一、在二次世界大戰期間，日軍在太子至石硤尾一帶殘殺了無數中國人，太子站的位置原是日軍棄屍的亂葬崗，所以太子站特別容易發生靈異事件；二、列車闖入了神秘結界，令它走一段路後重回原先路線；三、當年建地鐵時，因為社會不安及戰亂等各種因素，除了公眾見到的路線外，還有許多條不為人知的隧道，太子旺角路段正正就是多條隱藏

隧道的接駁位，故此間中會出現繞圈子行駛的情況；四、第二個太子站是異域，不是我們所在的空間，所以遇上了後絕不要走出列車！

互聯網的威力

　　重複的太子站這個傳說是一個典型的例子，凸顯出現世代互聯網在流傳甚至製造都市傳說扮演的角色。只要是令網民感興趣，一個平平無奇的話題在瞬間成為熱捧對象。原先在 2005 年已有人在香港討論區上發出過類似帖文。也許因為很快就用理性的角度解釋了該經歷（石硤尾＞太子［開始不留心］＞旺角＞油麻地＞旺角［回過神來］＞太子＞石硤尾），所以沒有引起多大回響。在 2015 年，有網民再次發出同樣的帖文。這次有不少人表示曾有同類型經歷，旋即引起不少關注。各大討論區紛紛出現同類帖文，網民爭相提出自己的想法。不久，太子站的傳說衝出了討論區。網站「紙言」載有以〈兩個太子站〉為題的短篇鬼故事。網路作家棟你個篤在 2015 年 10 月 3 日於香港高登講故台以「【都市故】重複的太子站」為題發出帖文，以這傳說為主題撰寫長篇小說。最後，此書由星夜出版有限公司在 2016 年 3 月出版刊行紙本書。《東方日報》的〈東網〉在 2016 年 10 月 25 日刊出了〈新站通車　回帶港鐵都市傳說〉一文，當中就寫有「太子站上車　下一站太子……」一節。香港的 YouTuber Professor PowPow 在 2017 年 10 月 20 日就上載了討論〈太子→太子〉真相的影片。我們可以見到在這個被稱為 iGEN（i 世代）的年頭，互聯網對於都市傳說的流傳甚至製造之威力有多巨大。

當都市傳說成為小說

　　談到地鐵的都市傳說，不得不提近年的一種趨勢。有不少作家嘗試把都市傳說寫成小說，並出版刊行於市場上。台灣作家等菁就是當中的佼佼者。她是 2018 年博客來、金石堂年度暢銷作家，被稱為「華文靈異天后」。她有關都市傳說的作品就有：《你是誰》、《血腥瑪麗》、《廁所裏的花子》、《如月車站》、《裂嘴女》等。在香港的文壇亦有着同樣的情況，可謂無獨有偶。不同的是，互聯網對於小說的出版起了關鍵性的作用。我這裏指的不只是指互聯網對都市傳說流傳的作用。網路作家「有心無默」和「棟你個篤」的作品本來是在發表於作者自己的 Facebook 專頁上及討論區上。因為瀏覽和點擊率很高，所以後來有出版社將故事出版為紙本書籍。在眾多被寫成為長篇小說的都市傳說中，就不乏以地鐵傳說為主題的作品。例如，有心無默的《西營盤》、棟你個篤的《重複的太子站》和《彩虹站多出來的路軌》等。

恐怖小說的敘事結構

美國的哲學家諾埃爾‧卡羅爾（Noël Carroll，1947-）曾對恐怖小說的敘事結構作出分析，並以「好奇／着迷」的組合去描述其寫作手法。卡羅爾指出不少的恐怖小說，其結構多圍繞着驗證、揭曉、發現及確認存在一些不可能或有違現有概念的東西。據他的分析，好奇心的滿足——尤其是對未知之事的發現——可謂讀者喜愛恐怖故事的一大動機。恐怖角色的未可知性就在這裏發揮作用。恐怖角色的描寫越是精彩而富魅力，讀者就越是對它感好奇，並越是感着迷。一方面故事結構滿足了讀者的好奇心，另一方面恐怖角色未可知的性質令讀者着迷。「好奇／着迷」的結合就是卡羅爾對於恐怖小說的敘事結構之解說。

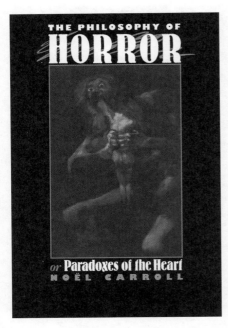

Carroll, Noël (1990) *The Philosophy of Horror or Paradoxes of the Heart.*

如果將卡羅爾的說法用來分析香港的都市傳說小說，不少故事都呈現了他提出的敘事手法。它們多數在故事開端時就留下一些謎團，當故事展開之後，謎團便慢慢地逐一被驗證和揭曉。就以小說《西營盤》為例（內含劇透成分），在故事一開始的時候，作者就佈下了不少的謎團。主人翁弘仔就見到密密麻麻的紅色屍蟲在啃食同事達叔的身體，卻在回到員工休

息室後又見到安然無恙的達叔；弘仔在值班其間在地鐵路軌上遇到嘉琳，嘉琳忽然莫名其妙地對弘仔說不想再被捉走；弘仔在救下嘉琳後不久，就不明所以的被上司威哥襲擊，其後他在一片慘叫聲中暈倒，醒來卻已身在醫院裏。

故事一直發展下去時，謎團會逐漸地被解開，而謎團的出現往往與恐怖角色有所掛鉤。在故事的中、後段漸漸揭開一切的謎團是來源自一群來自地下的高智慧生物——「幔特契」。他們因在日光和月光的照耀下會死亡，故此偷偷捉了不少人類，霸佔他們的身體為求能在地面上生活。之前故事一開始就留下的謎團都與他們的行動有關。不只《西營盤》如此，《重複的太子站》和《彩虹站多出來的路軌》都如此。

有興趣的話，讀者們可以統統買回家仔細閱讀，看看能否找出與卡羅爾所述不同之處。這裏我就不再作更多的劇透了，免得惹來作家們的投訴呢！

2015 重複的太子站

2016

與 Siri 對話

潘啟聰

挑戰傳說玩出禍

　　從小到大，我對都市傳說都抱着「敬而遠之」的態度。一方面好想一探究竟，另一方面卻怕惹火燒身。因此，雖然小時候對指仙、筆仙、碟仙等一類的東西很感興趣，可是一直都沒有膽量一試。加上，認識我的人都知道，本人的存在都已幾近都市傳說，我實在不敢為自己再增添任何負能量。藉此順道向讀者介紹一下本書作者。母校邀請我去向自己的學弟學妹講「逆境自強」的訊息時，我是以「一個號稱地獄級黑仔王的男人存活到三十幾歲仍僥倖未死的故事」為演講題目。為了令學弟學妹相信我「王級」的地位，我舉了一些真實的例子，如：

　　1）我的細女出生時，長輩帶我們去算命先生處卜卜女兒未來的概況。那算命先生很友善，臨別時對我說：「不如順道卜一卜你的流年吧！」結果，第一次占卜的結果出來後，他眉頭深鎖，一面搖頭，一面擺出一副「不太可能吧」的樣子。他跟我說：「換另一套（占卜工具）再卜吧！」最後，在換了三種不同的占卜工具後，算命先生放棄了，說：「臨別時記得提我，我要寫一道符給你！」

　　2）我博士畢業後第一次因出席學術會議而到台灣，於抵達桃園機場時，桃園機場頂部漏水，機場頓如水舞間一樣。

　　3）有隧道公司邀請我去參觀它的控制室。同日，該隧道發生交通意外，有重型貨車撞到收費亭。

　　4）2018 年暑假，我與家人同遊日本大阪。旅程中剛巧遇上颱風雲雀。本來雲雀登陸後預計向北移動，結果卻恰恰相反。雲雀登陸後走相反方向，橫掃了整個關西地區。所有報道都以「罕見路徑」形容雲雀路徑。

　　5）遊日期間，太太計劃好某日乘坐京阪電鐵去觀光。一家人高高興興地一早出門。結果，京阪電鐵發生了交通意

外，整個早上停駛。

以上只是隨便舉幾個例子，這些事件在我的人生之中比比皆是。總括我的經驗，我打趣地向朋友說：「如果有上一世，我一定是一位神明，一位專責降災禍的神明。轉世為人之前得罪了整個 department 的同事，現在正接受前同事們的貼身照料。」因此，我是絕對不敢親身挑戰任何都市傳說的，以免倒霉人再添晦氣。

說到挑戰都市傳說這回事，可能好多讀者都會想起探靈團和 YouTubers。他們都辦了不少挑戰都市傳說的活動，甚至把錄影紀錄上載至互聯網。不過，人的好奇心及好勝心又不是現今一代人才有。我以前就曾聽過我母親講述她童年的回憶，那時她目睹過貪玩的同學挑戰都市傳說後的下場。據說她在小學的時候，身旁有不少同學都曾試過「玩碟仙」。原來玩碟仙有一些禁忌，例如不可以問碟仙的名字、不可以問碟仙的死因、不可以在請走碟仙前揭開碟子等。我母親說她有一位同學貪玩，忍不住手在請走碟仙前揭開碟子。結果，一同參與的幾位同學都一起病了數天。揭開碟子的同學病得最嚴重，一直發燒不退。母親聽說那同學的家人到了紙紮舖查「日腳」，教他們向指定方向燒衣紙。這樣，那位同學才開始有好轉。待那同學回校上課後，我母親去問那同學之前發生了甚麼事。那同學說在他揭開碟子後，就看到有血從碟子中央流出來，但其他同學都看不到，他便立即把碟子扔了。之後，他只記得回家後一直不舒服，昏昏沉沉的。可見，人的好奇心和追求刺激的推動力並不是現代年青人才有的特質呢！

凌晨 3 點不要跟 Siri 對話

2016 年，在台灣的一個討論區中出了一則帖子。發帖人在文中表示他女友的電話發生了靈異事件。據帖中所說，她

的 iPhone 壞了，螢幕變黑。於是，她便問 Siri 解決的方法。可是 Siri 無法解決她的問題。之後，他的女友就隨意地把手機丟在床邊，然後關燈睡覺。大約過了半小時後，Siri 忽然發出聲音：「嘿……我是……」他的女友嚇得高聲尖叫。發帖人在安撫好女友之後，再次關燈繼續睡。誰知過了十分鐘之後，Siri 又發出聲音。這一次，很奇怪地，Siri 是一字一字很清楚地把說話講出來：「妳……還……沒……發……現……嗎？」他們二人這次嚇得從床上跳了起來，然後把手機丟到客廳裏去。然而，由於房間離客廳很近，過了一段時間後，他們再次聽到 Siri 發出聲音：「我……好……無……聊……」經歷了如此詭異之事，他們二人哪裏能夠睡好？結果，發帖人說他們二人整個晚上都沒有睡，眼巴巴的等到天明。

後來，發帖人更新了他們的情況。他說他們在第二天早上立即把手機拿去修理了。不過，能被檢驗出就只有手機電池供電不穩的問題。他們向手機店老闆講述早一晚發生的事，老闆卻不太相信，說他這輩子都未遇過這種事呢！

台灣傳說香港試

隨着互聯網越趨發達，都市傳說亦越趨國際化、全球化。你以為 Siri 事件發生在台灣，那就是台灣的都市傳說嗎？偏偏就有香港的年青 YouTuber 就此事來進行挑戰和測試，事後更把影片放在其 YouTube 頻道上。Siri 事件只是近年來其中一個經互聯網傳來香港的都市傳說。近年還有不少都市傳說自其他地方傳來香港，並曾由香港的年青人嘗試挑戰。例如，2018 年流傳開的、名為「恐怖女子 MOMO」的都市傳說──跟據網路流傳的說法，只要在凌晨三點使用 WhatsApp 打電話給「MOMO」便可以聯絡到她。「MOMO」會要求玩家參加不同的挑戰，當中包括了自殘或輕生的要求。又例如，最早

於 2008 年出現、風行於 2015 年的「Charlie Charlie Challenge」——要進行這挑戰十分簡單，只需要將白紙分為四格，在對角空格寫下「是（Yes）」和「否（No）」。然後將兩支鉛筆放在紙上成十字架形狀，便可以開始對着鉛筆提問：「Charlie Charlie, are you here?（查理，你在這裏嗎？）」據說這樣做可以召喚墨西哥惡魔查理。這些的都市傳說香港的 YouTubers 都曾經嘗試挑戰。這些 YouTubers 不只測試這些最新的傳說，他們連年代久遠的傳說也不放過。藉「夏綠蒂的網」（Charlotte's Web）去召喚一名中古世紀的小女孩鬼魂、對鏡子召喚血腥瑪麗、聆聽被詛咒的《黑色星期天》等的挑戰影片，讀者們都可以在網上瀏覽和觀看。看來自從互聯網加速了全球化的步伐後，都市傳說的地域疆界逐漸被消弭。如果召喚儀式真能召喚魔鬼，看來將來魔鬼都會變得越來越忙呢！

恐怖感的吸引力

恐怖感是一種獨特的情緒。

讀者們試想像一下：

在一個陰晴不定的下午，你鬱悶地待在家中。手上的書本你都看完了，不停地按遙控轉台也找不到令你感興趣的電視節目。在百無聊賴的情況下，你打開了垃圾桶一嗅。腥臭的味道直攻口鼻，令你頓時感噁心厭惡。心中的悶氣立即消

失得無影無蹤，心情亦變得舒暢多了。

　　我這樣寫，讀者們一定感到很奇怪，甚至思疑作者是不是工作壓力太大，寫書期間瘋了。放心吧！我並未瘋掉。這個例子只是想突出恐怖感的特別之處。各位試想想，厭惡、噁心、忿怒、焦慮等情緒，一般來說，都會被我們視為負面情緒，而對其儘量避之則吉。可是，話說回來，恐怖感卻不一樣。鬼屋、恐怖電影、鬼故事等意圖引起人驚恐的情緒，但是人們又會特意地、一而再地參與其中，並且會被視為是人類其中一種常見的娛樂。以恐怖故事為主題的書籍、電影、網路作品等在市場上穩佔一席位。網名「有心無默」的作者撰寫之《西營盤》網路連載恐怖小說，結果因大受歡迎而發行了紙本書籍。網路小說《鬼吹燈》不到一年取得了超過八百萬次的累計點擊率；破網成書後，系列銷量在 2008 年已達 50 萬冊；它更被改編為漫畫、多次被拍攝為電影及電視劇，並獲得高票房與收視。。恐怖故事在人際間的口耳相傳更是不絕於耳。不少學生以鬼故事作為大學迎新營的招徠，電台的恐怖節目更是從未間斷過。

　　近年來，組團探靈和挑戰都市傳說的現象屢見不鮮。YouTubers 在挑戰以後放上自己的頻道只是冰山一角。不少在電視和電台有名的主持人和法科師傅都有組織和舉辦探靈活動，更有部分在電視螢幕或網路電台上播放影片給觀眾／聽眾看。除了大眾娛樂的媒介有這類節目外，有很多人都會在網路的討論區上發出帖文，組成自發的團隊進行探靈活動。

　　為甚麼會有這種社會現象出現呢？按照美國哲學家諾埃爾‧卡羅爾（Noël Carroll，1947- ）的研究所得推測，組團探靈和挑戰都市傳說引人入勝的可能原因，乃是來自刺激感覺的追求。這些活動可以為參加者帶來龐大的恐懼感衝擊，令他們暫時進入一種麻木狀態，猶如從日常生活的常態中跳出來。這種驚嚇感能夠緩解現代生活過分平淡、平平無奇的

感覺。越是龐大的恐懼感，他們就越是能夠緩解刻板和沉悶的都市生活。也許，閱讀一本鬼故事或觀看一齣恐怖電影都不足夠調劑他們的生活，所以他們繼而要「以身歷險」，親自體驗身處當中的恐怖呢！

【影片】Charlie, Charlie
are you here?

都市傳說
「打卡」地圖

新界

達德學校

猛鬼橋

西貢結界

麒麟石

猛鬼公路

全院滿座

九龍半島

天后顯靈

盧亭魚人

七姊妹、
石中藏人

高街鬼屋　滙豐獅子

南固臺鬼屋

海防博物館

東華義莊　最恐怖辦公室

不化棺材、UFO

香港島

參考書目

古籍、專書

（唐）魏徵：《隋書》（北京：中華書局，1982 年），6 冊。

（清）范端昂：《粵中見聞》（廣州：廣東高等教育出版社，1988年）。

（清）舒懋官（修）、王崇熙（纂）：《新安縣志》（嘉慶）（台北：成文出版社，1974 年），24 卷，2 冊。

（清）史澄：《廣州府志》（光緒）（廣州：粵秀書院，光緒五年，1879 年），163 卷。

（清）《清實錄》（北京：中華書局，1986 – 1987）。

黃垞華：《香島地名錄存》，卷七。

尹天仇：《排在龍尾別回頭——令人顫慄的都市奇談》（香港：文化會社，2018 年）。

韋舜基：《吾土吾情》（香港：成報出版社，2005 年）。

鬼差：《香港詭異都市傳說》（香港：超傳媒，2017 年）。

Shawn：《不為人知的都市傳說：神祕暗網、末日教派、恐怖怪談》（台北：高寶國際出版，2016 年）。

期刊文獻

William B. Edgerton (1968). "The Ghost in Search of Help

for a Dying Man." *Journal of the Folklore Institute*, Vol. 5, No. 1 (June 1968): pp.31-41.

Bosco, Joseph (2003). "The supernatural in Hong Kong young people's ghost stories." *Anthropological Forum*, Vol. 13, No.2 (November 2003): pp. 141 – 149.

Bosco, Joseph (2007). "Young People's Ghost Stories in Hong Kong." *The Journal of Popular Culture*, Vol. 40, No. 5 (September 2007): pp.785 – 807.

蕭雲厂:《香港動物園報告書》(香港:香港科技大學華南研究資料中心館藏,1960 年)。

《一九七二年雨災調查委員會中期報告書》(香港:香港政府印務局,1972 年)。

張瑞威:〈新舊廟宇:香港官塘地藏王廟酬神考察報告〉,載《華南研究資料中心通訊》,第 10 期(1998 年 1),頁 108 – 112。

張瑞威:〈鯉魚門的歷史、古蹟與傳說〉,《華南研究資料中心通訊》,第 20 期(2000 年 7 月),頁 5 – 10。

報章新聞、網絡資源

黃學潤、劉永明、宋光明:〈恐怖車禍專輯:旅巴西貢飛車撞翻 18 女教友慘死〉,香港傳媒〈頭條〉,2008 年 5 月 2 日。

吳樹聰:〈12 人荒校靈探 初中生撞邪自殘 鬼鍊頸〉,《東方日報》〈要聞港聞〉,2011 年 9 月 20 日。

五鬼:〈元朗靈異宗祠 達德鬧鬼女廁〉,《太陽報》〈奇幻潮〉,2005 年 12 月 24 日。

〈CNN:元朗達德列亞洲十大恐怖點〉,香港傳媒〈要聞港聞〉,2013 年 11 月 2 日。

〈金茂坪舊址標售嗌兩億〉，《東方日報》，2013 年 8 月 9 日。

〈居民目擊 UFO 停華泰樓〉，香港傳媒〈要聞港聞〉，2014 年
　　1 月 16 日。

〈闖鬼屋撞邪 三妞抗群警〉，《東方日報》，2003 年 11 月 30 日。

〈灣仔南固臺撞鬼真人真事　女生探靈撞邪竟變喪屍咬人？〉，
　　《東網》〈港澳版〉，2017 年 11 月 17 日。

〈地球兩側同日見飛碟〉，《大公報》，1987 年 9 月 5 日。

〈本港皇家空軍否認　飛機凌空追尋飛碟〉，《工商日報》，1947
　　年 7 月 20 日。

〈港空出現飛碟？〉，《工商晚報》，1968 年 7 月 17 日。

〈九龍上空發現飛碟？〉，《工商晚報》，1947 年 7 月 29 日。

〈美國境內捕獲飛碟〉，《工商晚報》，1947 年 7 月 9 日。

〈港大教授認為世上確有飛碟為來往行星間之船隻〉，《工商晚
　　報》，1952 年 9 月 17 日。

〈觀塘雞寮遇山崩埋屋八十間〉，《大公報》，1972 年 6 月 19 日。

〈雞寮安置區大慘劇現場〉，《大公報》，1972 年 6 月 19 日。

〈六一八雨災安置區　市局將建紀念公園〉，《工商晚報》，1973
　　年 7 月 30 日。

〈兩賊購票入場潛入帳房　劫金茂坪戲院〉，《華僑日報》，1982
　　年 3 月 8 日。

〈金茂坪戲院開幕〉，《華僑日報》，1978 年 10 月 20 日。

〈新界屯門之古蹟：麒麟崗聖廟青山禪院及紅樓等〉，《華僑日
　　報》，1977 年 3 月 23 日。

〈麒麟崗公園昨啟用　風水石示舊海岸線〉，《華僑日報》，1984
　　年 9 月 10 日。

〈石中藏人〉，《華字日報》，1913 年 7 月 17 日。

〈花園酒店大放外洋煙花〉，《華字日報》，1918 年 9 月 9 日。

〈名園大放外洋煙花〉，《華字日報》，1918 年 8 月 19 日。

〈七姊妹泳棚一年後需搬遷〉，《工商晚報》，1933 年 11 月 9 日。

〈七姊妹泳棚或將遷往深水灣〉，《工商晚報》，1934 年 3 月 16 日。

〈何文田鬼屋參觀記〉，《天光報》，1936 年 6 月 17 日。

〈具有歷史性建築物　受新法例保護重建〉，《華僑日報》，1982
年 7 月 23 日。

〈鬼屋摩屋南角咀〉，《華僑日報》，1973 年 5 月 1 日。

〈港大男生宿舍出現可怕女鬼〉，《工商晚報》，1963 年 5 月 9 日。

〈鬼屋美梨大廈　如今更加不安全〉，《工商晚報》，1972 年 9
月 17 日。

〈鬼屋？〉，《工商晚報》，1969 年 5 月 25 日。

〈「鬼屋」的真相〉，《大公報》，1950 年 8 月 3 日。

〈猛鬼湖山洪暴發　死傷者近一百人〉，《大公報》，1955 年 8
月 29 日。

〈猛鬼橋傳鬼話　厲鬼作弄司機〉，《華僑日報》，1967 年 9 月
19 日。

〈大埔道猛鬼橋及青山道汀九　兩宗驚險翻車〉，《工商日報》，
1960 年 3 月 22 日。

〈新猛鬼橋慘劇　造成五死七傷〉，《工商晚報》，1967 年 9 月
7 日。

〈猛鬼橋畔　的士墜崖〉，《大公報》，1949 年 6 月 7 日。

〈猛鬼橋上　五大漢被疑作賊〉，《工商晚報》，1938 年 7 月 26 日。

〈滙豐兩銅獅榮遷　名堪輿師定方位〉，《工商晚報》，1981 年
5 月 12 日。

〈雞籠環墳場　先後遷移〉,《工商晚報》, 1953 年 5 月 11 日。

〈華富邨瀑布灣　發現半裸女屍〉,《工商日報》, 1981 年 8 月 1 日。

〈華富邨海旁瀑布灣公園　工程已完成〉,《工商日報》, 1976 年 1 月 29 日。

〈香港仔失蹤男童　浮屍瀑布灣海面〉,《工商日報》, 1982 年 8 月 8 日。

〈華富邨瀑布灣春色無邊齊齊玩〉,《華僑日報》, 1983 年 9 月 13 日。

〈老翁疑因病厭世　公園內跳崖自盡〉,《大公報》, 1989 年 12 月 14 日。

〈贊育醫院　慶祝接生嬰兒五萬〉,《工商晚報》, 1950 年 7 月 9 日。

〈澳門發現大頭怪嬰〉,《華僑日報》, 1956 年 11 月 30 日。

〈澳門大頭怪嬰〉,《華僑日報》, 1951 年 8 月 1 日。

〈兩頭怪嬰〉,《華僑日報》, 1957 年 3 月 7 日。

〈人頭蛇身怪嬰〉,《工商晚報》, 1969 年 11 月 23 日。

〈新蒲崗溫玉瑩留產所內　發現畸形怪嬰〉,《工商晚報》, 1965 年 7 月 24 日。

〈怪嬰兩頭、四手、兩足〉,《工商晚報》, 1946 年 7 月 8 日。

〈東華醫院裡　陰陽怪嬰不幸夭折〉,《工商晚報》, 1963 年 6 月 6 日。

〈無頭蓋怪嬰夭折〉,《工商晚報》, 1951 年 1 月 24 日。

〈無腦袋的怪嬰　昨在廣華醫院產房降生〉,《工商晚報》, 1951 年 1 月 4 日。

〈贊育連接發現　兩具怪嬰〉,《工商晚報》, 1949 年 6 月 14 日。

〈東華東院產婦誕下　無頭蓋怪嬰〉,《工商日報》, 1951 年 1 月 24 日。

〈大埔猛鬼橋:50 年代山洪暴發 28 人遇難　多年來多宗離奇車禍〉,「CYBER X-FILE 靈異檔案」(網絡資源:http://cyberxfiles.com), 瀏覽日期:2019 年 3 月 20 日。

這本書之所以面世，背後也有一個傳說：

某夜，有兩師兄弟通電話。

大家交流了一些想法後，彼此都說了一句：

「咦？應該會幾好玩！」

只有通了一次電話，說了一句不用五秒就講完的話。

就是這樣，撰寫這本書的工程就開始了。

當然，這本書果真能夠面世，這兩師兄弟還需要感謝一大群支持他們的各方好友。多謝中華書局（香港）有限公司的副總編輯黎耀強先生相信並願意支持這對師兄弟。謝謝那位又有責任感又細心的學生助理詹佩漩小姐對兩位 boss 的照顧（她今年畢業了，真心推薦！她的存在就好像是 Tony Stark 需要 Pepper Potts、Bruce Wayne 需要 Alfred、包拯需要公孫策、孫權需要張昭一樣。請相信我）。更有趣的是，這位助理明明是一個十分害怕鬼故事的小妹妹，她仍細心校對了每一份文稿、給兩位 boss 屬於年青人的閱後感、設計拍片劇本，以及提醒兩位 boss 到期開會等。師弟要多謝師兄，又要多謝一大堆不介意一與這兩師兄弟碰面時就會被問及「有無撞過鬼？」、「有無靈異事可分享？」的朋友們。特別要鳴謝長春社的黃競聰博士，在這兩師兄弟正在為這本書苦惱應改一個甚麼名字之際，競聰給了這兩師兄弟很好的意見：《香港山海經》。後來，這兩師兄弟亦朝着這方向認真地想了很久，甚麼《香江子不語》、《嶺南搜神記》都想過了。不過，有些年青人告訴這兩師兄弟《山海經》、《子不語》、《搜神記》等，他們全不認識。所以，這方向就被擱下了。可是，這兩師兄弟仍